Erdäpfelsuppe mit Wiesenchampignons · *Rezept S. 15*

Christoph Wagner
Renate Wagner-Wittula

Oberösterreich

KNÖDEL, BRATL, BIER UND MOST

Das
Österreichische
Kuchlkastl

Pichler Verlag

Bildnachweis

Gerhard Trumler: 4
Lois Lammerhuber: 1
Erich Roman Buchhammer:
Umschlagfoto (Mondseer Rauchhaus)
János Kalmár: 24
Ulrike Köb: 41, 61, 62/63
Gusto-Archiv/Eisenhut&Mayer: Umschlagfoto, 21, 64
Gusto-Archiv/Stefan Liewehr: 2/3, 22/23, 44, 81, 84, 102/03, 104
Gusto-Archiv/Das Foto: 42/43
Gusto-Archiv/Günter Hauer: 82/83
Gusto-Archiv/Dieter Brasch: 101
Umschlagfoto hinten: Johannes Kittel

ISBN 3-85431-224-5

Pichler Verlag im Internet: www.pichler.co.at

Lektorat: Jürgen Ehrmann
Umschlag- und Buchgestaltung: Bruno Wegscheider

Reproduktion: Eurografik, Wien
Bildbearbeitung: Karl Hör
Druck: Elbemühl, Wien
Bindung: Ueberreuter, Korneuburg

Inhalt

GEFLÜGEL

FLEISCH UND WILD

NACHSPEISEN

Knödel, Bratl, Bier und Most

„Wenn man keinen Knödel isst", so lautet ein altes oberösterreichisches Sprichwort, „dann hat man den ganzen Tag Hunger." In der Tat braucht man nach einem griffigen und bissfesten Symbol für die Küche des Landes ob der Enns nicht lange zu suchen: Der Knödel eignet sich perfekt als kulinarische Trademark.

Mit einiger Phantasie lässt sich des Oberösterreichers Vorliebe für die deftigen Teiggerichte sogar prähistorisch begründen. Unter anderem wurden unter den Mondseer Pfahlbauüberresten auch über 3.000 Jahre alte Teigreste gefunden, die darauf hindeuten, dass schon die Urahnen der heutigen Knödelgenießer die kulinarischen Vorlieben ihrer späten Nachfahren teilten. Alte oberösterreichische Kochbücher erweisen sich denn auch immer wieder als wahre Fundgruben für viele vergessene Knödelrezepte wie etwa Brandknödel, braune Grießknödel, eingesetzte Knödel, sunndörrte Knod'n, gebackene Reisknödel, Selchknödel oder Einmachknödel, von den heute noch populären Speck-, Grammel-, Fleisch-, „z'sammg'legten", böhmischen oder Durcheinanderknödeln (deren Rezepte Sie auch in dieser Rezeptsammlung finden) gar nicht zu reden.

Dass Knödel keine Diätmahlzeit sind, hat sich zwar mittlerweile selbst bis in die tiefsten Täler des Salzkammerguts und die hintersten Hügel des Mühlviertels herumgesprochen – der Popularität der Knödel im Lande ob der Enns hat dies jedoch keinerlei Abbruch getan.

Auch der Liebe des Oberösterreichers zu seinem „Bratl", das knusprig und frisch aus dem Ofen kommt, konnte die neuzeitliche Cholesterin-Hysterie nicht viel anhaben. Gehört es doch ebenso fix zum oberösterreichischen Sonntag wie die Heilige Messe.

Statt des klassischen „Schweinsbratl(s)" oder der „gefüllten Schweinsbrust" kann es jedoch auch „a G'selchts" oder ein „Surbratl" sein, wozu das heute noch nach uralten Rezepturen hergestellte Stöcklkraut oder ein warmer, mit Speck „abgeschmalzter" Krautsalat nach wie vor als beliebte Begleiter zählen. Besonders im Innviertel ist auch heute noch die so genannte

„Rein" ein äußerst populäres Festessen, das in einer meist relativ schmucklosen Bratpfanne Surbratl sowie Blut-, Brat- und Leberwürste auf saftigem Stöcklkraut mit Grammelknödeln, Fleischknödeln und Speckknödeln vereint.
Man täte der oberösterreichischen Küche allerdings Unrecht, würde man sie nur nach der alten Spruchweisheit „Gabel her, d'Messa g'wetzt, Knödl kemman jetzt" beurteilen. Wer etwa das Ende des 18. Jahrhunderts erschienene „Linzer Kochbuch" durchblättert, wird erstaunt feststellen, dass darin außer einem Leberknödel als Suppeneinlage kein einziges Knödelrezept verzeichnet ist. „Linz is a Stadtl und Wean is a Stadt", pflegte man früher zu sagen, „Z'Linz iß i's Bradl und z'Wean an Salad." Ganz in diesem Sinn findet man im „Linzer Kochbuch" auch zahlreiche opulente Geflügel- und überraschend viele Fischgerichte.
Die Linzer, die man früher spöttisch auch „Karpfentränker" nannte, können nämlich durchaus auf eine allerdings mittlerweile etwas versiegte Tradition der Fischküche zurückblicken. Am (nicht mehr existenten) Linzer Fischmarkt wurden um die Jahrhundertwende immerhin jährlich 15.000 Stück „Steckerlfische" (vor allem Rotäugln und Brachsen) verkauft, die gleichzeitig gebraten und geräuchert wurden. Als unverwechselbar oberösterreichische Gerichte sind auch Leberschedl, Erdäpfelkas und Blunzenradl'n zu nennen.
Vor allem aber ist in der oberösterreichischen, zumal in der Mühlviertler Küche der böhmische Einfluss unverkennbar. Saure und süße Mehlspeisen zeugen ebenso wie eine Vielzahl von Schmalzgebackenem von der Kochkunst unserer „böhmischen Verwandtschaft".
Dass zu so viel angestammter und gepflegter Deftigkeit ein Krügel Bier oder ein Krug Most besser passen als die meisten anderen Getränke, lässt die Oberösterreicher leicht vergessen, dass in ihrem Bundesland (fast) kein Wein (mehr) wächst, und das, obwohl Eferding und St. Florian streng genommen die ältesten Weinbauorte Österreichs sind. Als „Nationalgetränk" gilt im Lande ob der Enns also, auch wenn davon längst nicht so viel getrunken wird, wie man meinen könnte, der Most, der den Oberösterreichern auch den Spitznamen „Mostschädel" eingetragen hat. Im Übrigen ist Oberösterreich ein klassisches Bierland mit zahlreichen Kleinbrauereien und eigenem Hopfenanbau im Mühlviertel.
Die Qualität der angebotenen landwirtschaftlichen Grundpro-

dukte, zu denen etwa auch Raritäten wie der Eferdinger Spargel zählen, war in der Geschichte des Landes vielleicht noch nie so hoch und vielfältig wie heute. Wenn man die kulinarischen Leitmotive „Knödel, Bratl, Bier und Most“ jedoch auch weiterhin als die „vier Elemente“ des Landes ob der Enns bezeichnet, so tut man ihm mit Sicherheit nicht Unrecht.

Die Rezepte

Wenn nicht anders angegeben, beziehen sich die Mengenangaben auf vier Personen.

Suppen

Weikerlseer Bärlauchsuppe

Zutaten

**2 Bund frische Bärlauchblätter
(ersatzweise die gleiche Menge
Wiesenkräuter mit etwas
fein gehacktem Knoblauch vermischt)
40 g Butter
1/2 gehackte Zwiebel
40 g Dinkelmehl
1–1 1/2 l Rindsuppe
Salz
Pfeffer aus der Mühle
Schlagobers nach Belieben**

Zubereitung

Die gewaschenen und gut abgetropften Bärlauchblätter in feine Streifen schneiden, Kräuter fein hacken. Die Butter in einer Kasserolle erhitzen, gehackte Zwiebel beigeben, kurz anschwitzen, die Bärlauchstreifen untermengen und ebenfalls kurz andünsten lassen. Nun das Mehl langsam einrühren und zu einer hellen Einbrenn anschwitzen, die dann mit der Rindsuppe aufgegossen wird.
Nun lässt man die Suppe unter gelegentlichem Umrühren noch etwa 20 Minuten vor sich hin köcheln. Mit Salz und frisch gemahlenem Pfeffer abschmecken und mit etwas Schlagobers verfeinern.

Der Weikerlsee liegt mitten im Augebiet südlich der Traun bei Linz und ist für seinen Bärlauchreichtum bekannt.

Schlägler Stiftsbiersuppe

Für 4–5 Portionen

Zutaten

einige Gewürznelken
1 Zimtrinde
Schale einer ungespritzten Zitrone
1 l Schlägler Stiftsbier
(oder anderes oberösterreichisches Bier)
1/4 l Rahm
4 Eidotter
1 EL Zucker
Salz
Pfeffer aus der Mühle
6 EL Schwarzbrotwürfel
Butter zum Rösten

Zubereitung

Gewürznelken, Zimtrinde sowie Zitronenschale in ein kleines Leinensäckchen oder in einen Teebeutel geben. Das Bier mit dem Gewürzsäckchen langsam erhitzen und einige Minuten lang bei schwacher Hitze das Aroma aufnehmen lassen. Inzwischen den Rahm mit den Eidottern und dem Zucker versprudeln. Nun das Gewürzsäckchen wieder entfernen, die verquirlten Eier langsam zugießen und unter ständigem Rühren so lange am Feuer lassen, bis die Suppe die gewünschte Molligkeit besitzt. Mit Salz und Pfeffer nach Belieben abschmecken. Inzwischen werden die Schwarzbrotwürfel in heißer Butter angeröstet. Nun die fertige, cremige Suppe anrichten und mit den noch heißen, knusprigen Schwarzbrotcroûtons servieren.

Erdäpfelsuppe mit Wiesenchampignons

Zutaten

300–400 g mehlige Erdäpfel
1 Zwiebel
1 Bund Wurzelwerk
200 g Wiesenchampignons
50–100 g magerer Speck
3–4 EL Butter oder Schmalz
ca. 1 l Rindsuppe
Salz
Pfeffer
Majoran
Kümmel
1 zerdrückte Knoblauchzehe
gehackte Petersilie zum Bestreuen
2 EL Erdäpfelcroûtons

Zubereitung

Die Erdäpfel und die Zwiebel schälen, das Wurzelwerk säubern und alles würfelig schneiden. Die Wiesenchampignons gut putzen und in mundgerechte Stücke teilen, den Speck kleinwürfelig hacken. In einem passenden Topf 2 EL Fett erhitzen, darin die Zwiebel anrösten, Wurzelwerkwürfel zugeben, durchrösten lassen und anschließend die gewürfelten Erdäpfel untermengen. Nach wenigen Minuten mit der Suppe aufgießen, mit Salz, Pfeffer, Majoran, Kümmel und Knoblauch würzen und die Erdäpfelwürfel weich kochen.
Nach etwa 20 bis 25 Minuten wird die Suppe püriert oder mit einem Stabmixer aufgeschlagen.
Inzwischen werden in einer anderen Pfanne die restlichen 1 bis 2 EL Butter oder Schmalz erhitzt, die Speckwürfel darin angeröstet und die Wiesenchampignons untergemengt.
Nun lässt man beides gerade so lange dünsten, bis die Wiesenchampignons schön bissfest sind.

Die pürierte Suppe mit den Wiesenchampignons, Erdäpfelcroûtons und Speckwürfeln anrichten und mit gehackter Petersilie bestreut servieren.

Unser Tipp

Ganz besonders gut mundet diese feine Suppe, wenn Sie die Wiesenchampignons durch Eierschwammerln, Steinpilze oder andere frische Waldpilze ersetzen.

Oarkas, Oarfisch, Oaringschmalz

Eiergerichte – auf gut oberösterreichisch „Oar" oder „Air" – sind häufig Brauchtumsgerichte, die sich, wie auch das hier beschriebene Suppenrezept oder der süße „Oarkas" aus Eiern, Milch, Rosinen und Zucker, vor allem um das Osterfest ranken. „Oar" wurden früher jedoch auch gerne beim Maibaumaufstellen gegessen, und zwar in Form von „Oarschmalz" oder „Oaringschmalz", eine Art Rieseneierspeis aus 300 bis 400 Eiern, die nach Geschlechtern unterschiedlich abgeschmeckt wurde: für die Herren der Schöpfung mit Salz und Pfeffer, für die holde Weiblichkeit mit Zucker.

Oarfischsuppe

Zutaten

Für die Oarfisch:
Salz
1 EL Essig
4 Eier

Für die Suppe:
2 dl Wasser
Salz
1 TL Kümmel
600 ml Buttermilch
3 EL Sauerrahm
1–2 EL Mehl
1 Schuss Weißweinessig
2 EL Topfen
4 Scheiben gebähtes schwarzes Bauernbrot

Zubereitung

Zunächst die „Oarfisch“ zubereiten, indem man in einer Kasserolle etwa drei Finger hoch Wasser erhitzt und Salz und Essig beigibt. Nun die Eier vorsichtig hineingleiten lassen und mithilfe zweier Suppenlöffel das Eiklar über die Dotter ziehen. Die Eier etwa 3 Minuten lang leicht wallend kochen, bis sie druckfest sind, vorsichtig herausheben und anschließend warm stellen.
Für die Suppe in einer Kasserolle das Wasser zum Kochen bringen, Salz, Kümmel und Buttermilch beifügen und aufkochen lassen, bis sie sich absetzt.
Abseits etwas Wasser, Rahm und Mehl versprudeln und in die kochende Suppe einrühren und verkochen lassen. Anschließend den Essig und den Topfen untermengen. Die gebähten Brotschnitten in eine große Suppenschüssel legen, die „Oarfisch“ darauf setzen und mit der Suppe übergießen.

Alt-Linzer Bratwurstsuppe anno 1827

Zutaten

4 Paar kleinere Schweinsbratwürste
etwas abgeriebene Zitronenschale
1 Messerspitze zerstoßene Korianderkörner
Saft einer Zitrone
1 l kräftige Rindsuppe
2 EL Butter
3 EL Mehl
gebähte Semmelschnitten
nach Belieben

Zubereitung

Die Bratwürste mit der abgeriebenen Zitronenschale, dem Koriander, dem Zitronensaft und der Rindsuppe 1/2 Stunde knapp unter dem Siedepunkt ziehen lassen (Vorsicht: Bei zu großer Hitze platzen die Würste!). Würste herausnehmen. In einer anderen geeigneten Kasserolle aus Butter und Mehl eine lichte Einbrenn zubereiten, mit der Suppe aufgießen und weiterköcheln lassen, bis sich die Flüssigkeit leicht bindet. Die Bratwürste inzwischen klein schneiden und in einem gut vorgewärmten Suppentopf anrichten. Mit der durch ein Spitzsieb geseihten Suppe aufgießen und alles mit gebähten Semmelschnitten servieren.

Unser Tipp

Nach einem anderen alten Rezept wird die Bratwurstsuppe statt wie im hier verwendeten Originalrezept des Linzer Kochbuchs mit „Karikander“, sprich Koriander, und einigen Fäden Safran gewürzt.

Busserlsupp'n

Zutaten

1/4 l leicht gesalzenes Wasser
3 EL Butter
1/4 kg Mehl
4 Eier
reichlich Schweineschmalz

Zum Ausbacken der „Busserln":
1 l heiße, kräftige Rindsuppe
2 EL fein gehackte Petersilie

Zubereitung

Zunächst einen feinen Brandteig zubereiten. Dafür das Salzwasser aufkochen und die Butter darin stückweise zum Schmelzen bringen. Dann das Mehl unterrühren und den so entstehenden Klumpen so lange auf mittlerer Flamme rühren, bis der Teig sich vom Topfrand löst. Den Teig vom Herd nehmen, Masse überkühlen lassen und die Eier nach und nach unterrühren. Dann aus dem Teig mithilfe eines Kaffeelöffels, den man zwischendurch immer wieder in kaltes Wasser taucht, kleine „Busserln" stechen und diese in heißem Schweineschmalz schwimmend goldgelb ausbacken. Die „Busserln" in der Mitte von vorgewärmten Suppentellern anrichten und mit der heißen Rindsuppe übergießen sowie mit fein gehackter Petersilie bestreuen.

Marchtrenker Mostsupp'n

Zutaten

2 Frühlingszwiebeln
1 Bund Wurzelwerk
2 EL Butter
2 EL Mehl
400 ml Most
400 ml Rindsuppe
1/8 l Schlagobers
Salz
Pfeffer
Muskat
4 EL geröstete Schwarz- oder Weißbrotwürfel
2 EL Butter
gehackter Schnittlauch

Zubereitung

Die geschälten Frühlingszwiebeln fein hacken und das geputzte Wurzelwerk grobwürfelig schneiden. Beides in zerlassener Butter kurz anrösten und anschließend mit Mehl leicht stauben. Mit Most und Suppe aufgießen, alles zum Kochen bringen und leicht wallend köcheln lassen, bis die Suppe sämig und das Gemüse weich ist.
Die Suppe mit dem Mixstab gut pürieren, Obers dazugeben, noch einmal einkochen lassen und mit Salz, Pfeffer und Muskat abschmecken.
Die Weißbrotwürfel in heißer Butter gut durchrösten und mit der heißen, mit klein gehacktem Schnittlauch bestreuten Suppe servieren.

Unser Tipp

Statt der Weißbrotwürfel kann man auch geröstete Speckwürfel über die Suppe streuen. Wer die Mostsuppe zusätzlich verfeinern will, gibt kurz vor dem Servieren noch einen Schuss Apfelbrand dazu.

Marchtrenker Mostsupp'n

Böhmischer Bierkarpfen · *Rezept S. 27*

Fische

Mondseer Fischbeuschelsuppe

Zutaten

Kopf und Karkassen
(Fischabschnitte) vom Karpfen
Pfefferkörner
1 Lorbeerblatt, 1 Zwiebel
1 l Wasser, Salz
1 Schuss Essig
2 EL Butterschmalz
insgesamt 100 g geriebenes Wurzelwerk
von Karotten, Sellerie und gelben Rüben
1 EL Mehl
100 ml Rotwein
Karpfenrogen, Thymian
Pfeffer aus der Mühle
geröstete Weißbrotwürfel
gehackte Petersilie

Zubereitung

Man zerhackt den Karpfenkopf in grobe Stücke, setzt ihn gemeinsam mit den Karkassen, den Pfefferkörnern, dem Lorbeerblatt und der Zwiebel in kaltem, mit Salz und Essig aromatisiertem Wasser auf und lässt alles eine knappe halbe Stunde vor sich hin köcheln. Nun das Wasser abseihen, aber aufbewahren, das Fischfleisch vom Kopf auslösen und ebenfalls beiseite stellen. Das Butterschmalz erhitzen und darin die geraspelten Wurzeln kurz anrösten, Mehl einrühren und kurz danach langsam mit dem bereitgehaltenen Fischsud und dem Rotwein aufgießen.
Die Suppe wird nun noch einige Zeit gut durchgekocht, ehe man den Rogen zügig einrührt, nochmals aufkochen lässt und das klein geschnittene Kopffleisch hinzufügt.
Nach persönlichem Geschmack mit Thymian und Pfeffer nachwürzen. Die fertige Suppe in einer vorgewärmten Suppenschale anrichten, mit frisch gerösteten Weißbrotcroûtons und gehackter Petersilie garniert servieren.

Böhmischer Bierkarpfen

Zutaten

1 lebender Karpfen von ca. 1 kg
Essig für das Karpfenblut
1 gestrichener EL Salz
1 Zwiebel
1 Lorbeerblatt
1 in Scheiben geschnittene Zitrone
6 Pfefferkörner
3 Neugewürzkörner
2–3 Nelken
6 EL Lebkuchenbrösel
1 Flasche dunkles Malzbier
eventuell etwas Kartoffelmehl und wenig Rotwein zum Binden
kalte Butterflocken nach Belieben

Zubereitung

Beim Abschlagen des Fisches das Blut in Essig auffangen, damit gut verquirlen und beiseite stellen. Den Karpfen reinigen, ausnehmen, waschen, spalten und in gleichmäßige Stücke schneiden. Die Stücke in einen geeigneten Topf mit Deckel legen, die Gewürze hinzufügen, mit Lebkuchenbröseln bestreuen. Das Bier angießen und alles aufkochen lassen. Anschließend die Hitze extrem reduzieren und den Karpfen bei geschlossenem Deckel langsam darin weich dünsten. Sobald die Fischstücke – nach ca. 10 bis 15 Minuten – gar gezogen sind, herausnehmen und warm stellen. Die Soße durch ein feines Sieb passieren und mit dem Karpfenblut binden. Ist sie nicht sämig genug, etwas Kartoffelmehl in Rotwein auflösen und unter die Soße rühren. Dieselbe allenfalls noch mit einem Stückchen Butter verfeinern und über die warm gehaltenen Karpfenstücke gießen. Mit Salzerdäpfeln und eventuell etwas gekochtem Wurzelwerk servieren.

Unser Tipp

Da heute kaum noch jemand den Karpfen selbst abschlägt, sollte man den Fischhändler darum bitten, die ersten beiden Arbeitsschritte dieses Rezepts zu übernehmen. Sollte kein Karpfenblut zur Verfügung stehen, so lässt sich das Rezept dennoch zubereiten. Man kauft den Karpfen dann nicht im Ganzen, sondern stückweise und ersetzt das Karpfenblut durch 2 Esslöffel Powidlmarmelade.

Gottgefällige Karpfen

Wie kaum ein anderer Fisch verdankt der Karpfen seine Beliebtheit im Lande ob der Enns (und nicht nur dort) dem Umstand, dass sich, vor allem im Zuge der Gegenreformation, der Katholizismus sogar auf der Tafel bemerkbar machte. Die Anatomie des Karpfens tat damals ein Übriges, um den frommen Essern die Gottgefälligkeit ihres Weihnachts- oder Fastenschmauses vor Augen zu führen. Besonders Fromme fühlten sich nämlich beim Anblick eines Karpfenkopfes an die Marterwerkzeuge Christi erinnert, was möglicherweise auch ein Grund dafür ist, dass andere die Schuppen des Weihnachtskarpfens nach dem Schmaus im ganzen Haus verstreuten, um Segen fürs nächste Jahr zu erflehen. Mancherorts deponierten ledige Mädchen die Gräten des Weihnachtskarpfens auch am nächsten Kreuzweg, weil sie hofften, dadurch im nächsten Jahr einen Mann zu finden. Karpfengräten wurden schließlich – nach dem Christtagsschmaus – auch unter die Obstbäume gelegt, da man hoffte, diese würden bei der nächsten Ernte umso üppigere Frucht bringen. Auch der alte Aberglaube, dass Karpfenrogen, den man am Weihnachtsabend oder zu Silvester isst, besonderes Glück bringen soll, ist vor diesem religiösen Hintergrund zu verstehen.

Donauhecht auf Ottensheimer Art

Zutaten

2 Donauhechte à ca. 600 g
40 g Sardellenfilets
Salz
Pfeffer aus der Mühle
20 g Semmelbrösel
60 g Butter
4 Tomaten
Saft einer halben Zitrone
40 g fein gehackte Kapern
1/8 l Sauerrahm
1 EL fein gehackter Kerbel

Zubereitung

Hechte ausnehmen, gut durchwaschen, trocken tupfen und mit einem scharfen Messer beidseitig mehrmals einschneiden. Die Einschnittstellen mit den in Streifen geschnittenen Sardellen füllen. Fische rundum salzen, pfeffern und mit Semmelbröseln bestreuen. In einer geeigneten Fischpfanne die Butter erhitzen und die Hechte darin beidseitig anbraten. Die geschälten, entkernten und fein gehackten Tomaten hinzufügen, Zitronensaft, Kapern und Sauerrahm unterrühren und 5 Minuten auf kleiner Flamme ziehen lassen. Inzwischen das Backrohr auf 180 °C vorheizen und die Hechte dann ca. 15 Minuten darin unter ständigem Begießen mit der Tomaten-Rahm-Soße fertig garen. Vor dem Servieren mit fein gehacktem Kerbel bestreuen. Als Beilage empfehlen sich Petersilerdäpfel.

Unser Tipp

Besonders gut wird dieses Gericht, wenn man es kurz vor dem Servieren noch mit ein bis zwei Esslöffeln Bratensaft oder stark eingekochtem dunklem Kalbsfond übergießt.

Salzkammergut-Reinanke in Mostsekt

Zutaten

4 Reinanken à ca. 280 g
Salz
weißer Pfeffer aus der Mühle
2 EL Mehl
60 g Butterschmalz
200 ml Mostsekt
80 ml Schlagobers
1 Eidotter
1 Zweiglein Estragon

Zubereitung

Die Reinanken gründlich waschen, trocken tupfen sowie außen und innen salzen und pfeffern. Dann die Fische beidseitig mit fein gesiebtem Mehl bestäuben.
Das Butterschmalz in einer Fischpfanne zerlassen.
Die Reinanken darin beidseitig kurz anbraten und dann mit Mostsekt ablöschen. Zugedeckt ca. 15 Minuten auf kleiner Flamme ziehen lassen. Reinanken aus der Pfanne heben und auf einer heißen Platte warm stellen.
Schlagobers mit Eidotter versprudeln und vorsichtig in die Mostsektsoße einrühren. Diese anschließend durch ein Spitzsieb über die Fische passieren und mit fein gehacktem frischem Estragon bestreuen.
Mit Salzerdäpfeln oder Gemüsereis servieren.

Unser Tipp

Dieses Rezept „funktioniert“ auch hervorragend mit Saiblingen und Forellen.

Waller in Bierteig

Zutaten

Für den Bierteig:
150 g Mehl
2 Eidotter
150–200 ml Bier
2 EL geschmolzene Butter oder Pflanzenöl
Salz
2 Eiklar

Für die Wallerfilets:
8 ausgelöste Wallerfilets à ca. 90 g
Salz
Zitronensaft
Mehl zum Wälzen
Butter- oder Schweineschmalz zum Backen
Zitronenspalten zum Garnieren

Zubereitung

Zuerst den Teig zubereiten, indem man das Mehl mit den Eidottern, dem Bier sowie der geschmolzenen Butter bzw. dem Pflanzenöl und einer Prise Salz zu einem glatten Teig vermengt und diesen mindestens 1/2 Stunde rasten lässt. Währenddessen Wallerfilets waschen, mit Küchenkrepp trocken tupfen, enthäuten und sorgfältig mit einer Küchenpinzette entgräten. Beidseitig kräftig mit Salz würzen, mit wenigen Tropfen Zitronensaft beträufeln und in Mehl wälzen.
Nun aus dem Eiklar Schnee schlagen und diesen vorsichtig unter die Dottermasse heben. In einer großen Pfanne genügend viel Schmalz erhitzen. Die Wallerfilets nacheinander durch den Bierteig ziehen und im heißen Schmalz wie Schnitzel beidseitig goldbraun backen.
Die fertigen Filets herausheben, gut abtropfen lassen oder mit einem Küchenkrepp abtupfen.
Mit Zitronenspalten garnieren und auftragen.
Dazu passen Petersilerdäpfel und Vogerlsalat.

Steckerlfisch

Zutaten

8 Weißfische
(Rotaugen, Näslinge, Brachsen, Barben o.Ä.)
bzw. Reinanken oder Saiblinge
von ca. 10–15 cm Länge
Salz
8 Weichholzspießerl von ca. 50 cm Länge
Holzkohlenglut, grünes Holz
Erdäpfel nach Belieben
Alufolie

Zubereitung

Steckerlfische lassen sich auf dem Gartengrill leicht zubereiten. Die Fische werden zunächst ausgenommen, gut zugeputzt, bei Bedarf geschuppt, gewaschen und mit Küchenkrepp trocken getupft. Dann schröpft man sie mit einem sehr scharfen Messer, indem man sie beidseitig in Abständen von ca. 2 mm einschneidet. Die Fische werden innen und außen gut gesalzen, wobei das Salz etwa 1/2 bis 1 Stunde einwirken soll. Dann auf die Holzspießchen stecken. Anschließend werden die Fische über der mit grünem Holz angereicherten Holzkohlenglut langsam knusprig und kross gebraten. Das viel Rauch bildende grüne Holz benötigt man deshalb, weil die Steckerlfische sowohl gegrillt als auch geräuchert werden sollen. In Alufolie eingewickelte Erdäpfel mitbraten und gut gesalzen gemeinsam mit den Steckerlfischen servieren.

Fast Food über den Wassern

In den fünfziger und sechziger Jahren, als man Hamburger noch für die Einwohner einer norddeutschen Hafenstadt hielt und Pizzas nur aus Sophia-Loren-Filmen kannte, entwickelte sich entlang einer imaginären Linie, die von der Traun-Donau-Mündung stromaufwärts bis zu den Salzkammergut-Seen reichte, eine autochthone Snack-Kultur, um die uns heute die ganze Welt beneiden könnte. Die Rede ist von den so genannten „Steckerlfischen", für die man damals noch frisch gefangene Weißfische verwendete, die man auf lange Holzstecken spießte, bevor man sie über glühender Holzkohle gleichzeitig „selchte" und briet. Verkauft wurde dieses „Fast Food" aus der Wirtschaftswunderzeit meist in kleinen Hütten am Wegesrand, wie man sie auch heute noch zuweilen findet. Süßwasserfische brutzeln dort jedoch kaum noch über dem Feuer. Der Steckerlfisch von heute ist, leider nicht gerade bodenständig, eine Makrele.

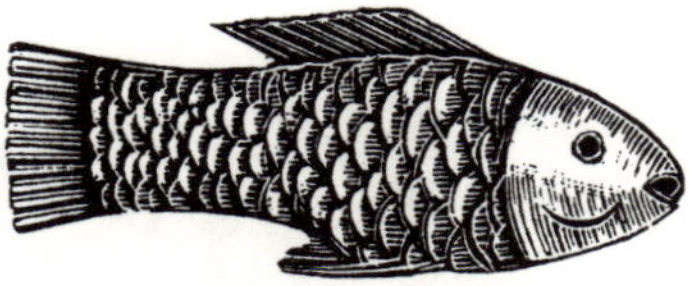

Zwischengerichte und Beilagen

Goiserer Kaiserjagawecken

Zutaten

1 Sandwichwecken
(am besten glatt und nicht eingeschnitten)
insgesamt 300–400 g Schinken
Geselchtes und/oder Räucherzunge
400 g Edamer
100 g gehackte Essiggurkerln
3–4 hart gekochte Eier
150 g Butter
150 g passierter Gervais oder Topfen
Salz, Pfeffer
Senf
Sardellenpaste
nach Belieben gehackter Schnittlauch

Zubereitung

Den Sandwichwecken an einem Ende anschneiden und mithilfe eines langen Messers und eines Kochlöffels vorsichtig die Schmolle herausholen, so dass nur mehr ein fingerbreiter Rand übrig bleibt. Die Schmolle klein schneiden und beiseite legen. Schinken, Geselchtes, Rindszunge, Käse und Gurkerln kleinwürfelig hacken.
Das hart gekochte Eiklar vom Dotter trennen und ebenfalls in Würfel schneiden, die Dotter passieren. Die Butter schaumig rühren, mit Topfen bzw. Gervais sowie den passierten Eidottern vermengen, mit den Aromaten gut würzen und die zerkleinerte Schmolle beigeben.
Nunmehr die Fülle vorsichtig in den Wecken füllen und gut anpressen. Das abgeschnittene Ende wieder andrücken, den gefüllten Wecken in ein feuchtes Küchentuch oder in Alufolie wickeln und eine Nacht lang kühl ziehen lassen. Den fertigen Wecken in daumenbreite Scheiben schneiden und anrichten.

Eferdinger Spargel-auflauf mit G'selchtem

Zutaten

1 kg Eferdinger
(oder anderer weißer) Spargel
125 g Butter
125 g gesiebtes glattes Mehl
5–6 Eidotter
125 g mageres Geselchtes
Salz
Pfeffer aus der Mühle
etwas Milch
5–6 Eiklar
Butter für die Form und zum Beträufeln
100 g aufgeschnittener Schinkenspeck
2 hart gekochte Eier

Zubereitung

Den Spargel schälen, die holzigen Teile entfernen und den Rest in kleine Stückchen zerteilen. Die zimmerwarme Butter schaumig mixen und langsam das Mehl sowie die Eidotter einrühren. Den Schinkenspeck fein hacken und gemeinsam mit dem Spargel in die Masse geben. Salzen, pfeffern und unter Zugabe von etwas Milch zu einer teigigen, nicht zu trockenen Masse verrühren.
Zum Schluss die Eiklar steif schlagen und vorsichtig unterheben. Die so entstandene schaumige Masse in eine mit Butter gut ausgestrichene Auflaufform füllen. Im auf 180 °C vorgeheizten Backrohr 1 Stunde backen, stürzen, mit brauner Butter übergießen und in die Mitte einer großen Platte setzen. Diese mit aufgeschnittenem G'selchtem und gekochten Eiervierteln garnieren und sofort servieren.

Hausruckviertler Krautfleckerln · *Rezept S. 38*

Böhmdorfer Erdäpfelpuffer · *Rezept S. 45*

Erdäpfelnudeln mit Rahm · *Rezept S. 48*

Böhmdorfer Erdäpfelpuffer

Zutaten

700 g Erdäpfel
100 g magerer Speck
Butterschmalz zum Rösten und Backen
2 Eiklar
3 Eier
3–4 EL Mehl
Salz
2–3 gepresste Knoblauchzehen

Zubereitung

Die rohen, geschälten Erdäpfel auf einem Reibeisen oder Krenreißer direkt in kaltes Wasser raspeln und etwa 30 Minuten stehen lassen. Inzwischen wird der Speck kleinwürfelig geschnitten, in etwas Fett angeröstet und zum Überkühlen beiseite gestellt. Erdäpfel aus dem Wasser heben, gut abtropfen lassen und in einem Küchentuch fest ausdrücken. Der Stärkerückstand, der sich am Boden der Schüssel gesammelt hat, sollte nicht weggeschüttet, sondern unter die Erdäpfelmasse gemengt werden.
Das Eiklar zu festem Schnee schlagen und mit den Eiern, dem Mehl, den gerösteten Speckwürfeln sowie Salz und Knoblauch unter die Erdäpfel rühren.
In einer großen, flachen Pfanne das Butterschmalz erhitzen, die Erdäpfelmasse mithilfe zweier Löffel in Form von handtellergroßen Laibchen hineingeben, langsam auf beiden Seiten knusprig herausbacken und mit grünem Blattsalat servieren.

Blunz'nbaunzerln mit Süßmostkraut

Zutaten

1/2 kg Blutwurst
700 g Erdäpfel
Pfeffer, Muskatnuss
2 zerdrückte Knoblauchzehen
Mehl zum Wälzen
2–3 Eier
Schmalz oder Öl zum Backen

Für das Süßmostkraut:
800 g weißes Kraut
Salz
1/4 l Süßmost
1 Schuss Essig oder Zitronensaft
Prise Zucker
3 EL Butterschmalz
1 gehackte Zwiebel
Rindsuppe zum Aufgießen
1 EL Mehl zum Stauben

Zubereitung

Von der Blutwurst wird zunächst die Haut abgezogen und die Wurst in nicht ganz fingerdicke Scheiben geschnitten. Dann die Erdäpfel schälen, auf einem Reibeisen grob reiben und rasch mit etwas Pfeffer und Muskatnuss sowie den gepressten Knoblauchzehen vermengen.
Die Blutwurstscheiben wie zum Panieren zuerst in Mehl, danach in den verquirlten Eiern wenden und abschließend gut mit der Erdäpfelmasse umhüllen. In einer großen Pfanne ausreichend Öl oder Schmalz erhitzen und darin die Blunz'nbaunzerln beidseitig goldbraun herausbacken. Herausheben und mit Küchenkrepp gut abtupfen.
Für das Süßmostkraut wird das Kraut ohne Strunk und äußere Blätter fein gehobelt, gut gesalzen und mit einer Mischung aus der Hälfte des Süßmosts (ca. 1/8 l), einem

kräftigen Schuss Essig oder Zitronensaft und einer Prise Zucker beträufelt. Das Kraut mehrmals gut durchmischen und mindestens 1 Stunde lang stehen lassen.
In einer Kasserolle das Schmalz erhitzen, Zwiebeln darin hell anrösten, danach das Kraut zugeben, mit etwas Rindsuppe aufgießen und das Kraut weich dämpfen.
Ist das Kraut weich, so wird es mit etwas Mehl gestaubt, der restliche Süßmost zugegossen und alles nochmals kräftig durchgekocht. Das fertige Süßmostkraut am besten getrennt anrichten, damit die knusprigen Blunz'nradeln nicht zu schnell feucht werden.

Unser Tipp

Wenn Sie das Kraut nicht gerne allzu süß mögen, so empfiehlt es sich, Most und Süßmost zu gleichen Teilen zu mischen.

Blunz'n müssen nicht „bled" sein

Die Blutwurst, auf gut oberösterreichisch „Blunz'n" genannt, ist hier so etwas wie eine Nationalkost. Sie besteht aus mit Schweinsblut gefüllten Därmen, deren „Brat" mit gerösteten Semmelstückchen und Speckwürfeln vermengt wird. „A guate Blunz'n" muss unbedingt „grammlat", also knusprig sein. „A blede Blunz'n" ist allerdings kein misslungenes Gericht, sondern eine besonders einfältige Person weiblichen Geschlechts. Blunz'n haben in Oberösterreich allerdings noch viel tiefer gehende Bedeutungen: Wer seine Blunz'n auf nüchternen Magen verspeist, so wussten beispielsweise schon unsere Großmütter, der braucht sich vor Floh- und Gelsenstichen nicht zu fürchten. Und wer vor Sonnenaufgang Blunz'n und Hirsebrei isst, der kann sich, so er ein bisserl abergläubisch ist, darauf verlassen, dass er das ganze Jahr über Geld hat und fieberfrei bleibt. Wenn das keine überzeugenden Argumente für eine „anständige Blunz'n" sind, was dann?

Erdäpfelnudeln mit Rahm

Zutaten

1/2 kg fest kochende Erdäpfel
150 g Mehl
2 EL Butter
1 EL Grieß
1 Ei, Salz
Mehl für die Hände
4 EL Schweineschmalz
1/2 l Sauerrahm

Zubereitung

Die geschälten, gekochten Erdäpfel passieren und mit Mehl, Butter, Grieß, Ei und Salz zu einem glatten Teig verarbeiten. Diesen mit einem zwischendurch stets in Wasser getauchten Messer in gleichmäßige Scheibchen schneiden und aus jeder davon mit bemehlter Handfläche eine etwa daumendicke „Nudel" von ca. 6 bis 7 cm Länge ausrollen.

Reichlich Wasser zum Kochen bringen und die Nudeln darin gar kochen, bis sie an die Oberfläche aufsteigen. Nudeln abseihen, mit kaltem Wasser abschrecken und in heißem Butterschmalz schwenken, bis sie außen goldbraun und knusprig sind.

Salzen und mit kaltem, glatt gerührtem Sauerrahm und grünem Salat oder mit Speckgrammeln und abgeschmälztem Sauerkraut servieren.

Unser Tipp

Man kann die Nudeln statt zu kochen auch im heißen Rohr unter ständigem Bestreichen mit Schmalz knusprig ausbacken. Sie eignen sich übrigens auch hervorragend als Beilage zu Wildgerichten.

Stöckelkraut und Kübelspeck

Weißkraut ist eines der Lieblingsgemüse der Oberösterreicher. Sein Hauptverbreitungsgebiet ist das Eferdinger Becken, und nahezu jeder Landstrich kann dem Kraut einen besonderen geschmacklichen Aspekt abgewinnen. Im so genannten „Landl", dem Raum zwischen Eferding, Grieskirchen und Peuerbach, der auch die Heimat des musikalischen „Ländlers" ist, bereitet man das Kraut, indem man es nicht wie andernorts „hachelt" (hächselt) oder säuert, sondern in Stücke, die so genannten „Stöckl" schneidet.

Genauso unverwechselbar wie das Stöckelkraut ist der Kübelspeck. Während jede bessere Speckseite, im Land ob der Enns auch gerne „Renken" genannt, aus der „Selch" oder Räucherkammer stammt, erblickt der meist ziemlich fette Kübelspeck das Licht der kulinarischen Welt vor allem im Innviertel und dem Kobernaußerwald in einem verschraubbaren Bottich oder Kübel. Hier wird er, ähnlich wie das artverwandte „Surbratl", mit Pökelsalz, Knoblauch und Pfefferkörnern sofort nach dem Schlachten gesurt und hat nach zwei bis drei Wochen sein optimales Aroma erreicht. Jetzt kann er, stark gepfeffert und mit Schnittlauch bestreut, als Jausenspeck, vor allem aber auch als Füllsel der berühmten Innviertler Knödel serviert werden. Am besten übrigens gemeinsam mit Stöckelkraut.

Durcheinanderknödel mit Stöckelkraut

Zutaten

600 g mindestens einen Tag altes Brot
200 g durchzogener Räucherspeck
40 g Butter
4 Eier
Salz
1/8 l Sauerrahm
1/8 l Schlagobers
ca. 100 g Mehl

Für das Stöckelkraut:
1 ganzer Weißkrautkopf
Salz, 1 KL Kümmel
4 EL Bratenfett

Zubereitung

Das Brot in kleine Würfel schneiden und mit dem ebenfalls kleinwürfelig geschnittenen und in etwas Butter goldgelb gerösteten Speck gut vermischen. Die Eier mit Salz, Rahm und Schlagobers verquirlen und diese Mischung unter die Brot-Speck-Masse mengen. Gut durchrühren und, wenn die Masse nicht genügend Feuchtigkeit hat, noch etwas Obers zugießen. Die Masse etwa 1/2 Stunde gut durchziehen lassen, das Mehl darüber sieben, gut durcharbeiten und Knödel daraus formen. In sprudelndem Salzwasser etwa 10 bis 15 Minuten lang kochen, bis die Knödel an die Wasseroberfläche aufsteigen. Inzwischen das Stöckelkraut zubereiten. Dafür den gesäuberten und in sechs „Stöckl" geschnittenen Krautkopf unter Beigabe von Salz und Kümmel in reichlich Salzwasser kernweich kochen, abseihen und gründlich abtropfen lassen. Mit heißem Bratenfett übergießen.

Unser Tipp

Das Stöckelkraut passt auch zu Schweinsbraten, Schlachtplatte oder Geselchtem.

Innviertler Kübelspeckknödel

Für 12–14 kleine Knödel

Zutaten

1/2 kg mehlige Erdäpfel
1 Ei, ca. 300 g Mehl
(am besten halb griffig, halb glatt)
Salz
Mehl für die Arbeitsfläche

Für die Fülle:
300 g fein gehackter Kübelspeck
(Surspeck, ersatzweise auch
Frühstücks- oder Jausenspeck)

Zubereitung

Die Erdäpfel kochen, kurz ausdünsten lassen und möglichst noch in heißem Zustand durch ein Reibeisen drücken.
Erdäpfelmasse mit Ei, Mehl und Salz zu einem geschmeidigen Teig kneten und aus diesem mit einem Löffel etwa 15 gleich große Stücke ausstechen und auf einer bemehlten Fläche so ausdrücken bzw. auswalken, dass gleichmäßige Teigplättchen entstehen.
Den Speck fein hacken, in 15 Portionen aufteilen und jede auf ein Teigstück setzen.
Daraus kleine Knödel formen, die man anschließend in sprudelnd kochendes Salzwasser einlegt und ca. 10 Minuten leicht wallend kocht, bis sie an die Wasseroberfläche aufsteigen.

Innviertler Grammelknödel

Für 12–14 kleine Knödel

Zutaten

200 g Grammeln
1 EL gehackte Petersilie

Für den Knödelteig:
siehe Innviertler Kübelspeckknödel S. 51

Zubereitung

Knödelteig wie bei den Innviertler Kübelspeckknödeln beschrieben zubereiten. Aus den grob gehackten Grammeln und der Petersilie kleine Häufchen formen und diese auf den ausgewalkten Knödelteig setzen. Weiter wie im Grundrezept für Innviertler Kübelspeckknödel verfahren und die Grammelknödel in leicht wallendem Salzwasser gar ziehen lassen.

Unser Tipp

Unter die Grammelfülle kann man auch ein Ei mengen, um das Gericht noch etwas opulenter zu machen.

Mensch in Schwertberg

Auf Schloss Schwertberg unterschied man früher unterschiedliche Klassen von Bediensteten: Da gab es etwa Stubenmensch, Fräulermensch, Kindsmensch, Kuchlmensch sowie Extramensch, worunter man jeweils Personen weiblichen Geschlechts mit besonders definierten Tätigkeiten verstand. Ihnen allen war freilich trotz aller Unterschiede der Betätigungsfelder eines gemeinsam: die Zuteilung der Nahrungsmittel. Jedes „Mensch" erhielt vier Laib Brot für vierzehn Tage, das „Kindsmensch" jedoch nur drei. Einheitlich war auch die Zuteilung der Rohstoffe für Knödel und Nocken: Pro „Mensch" und Mahlzeit wurde jeweils ein Schöpflöffel Mehl kalkuliert.

G'hackknödel

Für 12–14 kleine Knödel

Zutaten

Knödelteig:
siehe Innviertler Kübelspeckknödel S. 51

Für die Fülle:
1 Knoblauchzehe
1 kleine Zwiebel
50 g Butter
1 EL fein gehackte Petersilie
200 g gemischtes Faschiertes von Schwein und Rind oder fein gehackte bzw. durch den Fleischwolf gedrehte Fleisch- bzw. Wurstreste
Salz, Pfeffer

Zubereitung

Knödelteig wie bei den Innviertler Kübelspeckknödeln beschrieben zubereiten. Danach für die Fülle Knoblauch und Zwiebel fein hacken, in Butter hell anrösten und leicht überkühlen lassen. Gemeinsam mit Petersilie unter das „G'hack" rühren. Salzen, pfeffern und aus der so entstandenen Fleischfarce mit einem Löffel kleine Häufchen stechen und diese auf den vorbereiteten Knödelteig setzen. Weiter wie im Grundrezept für die Innviertler Kübelspeckknödel verfahren.

Unser Tipp

Man kann die Knödel auch mischen und gemeinsam mit Geselchtem oder Surfleisch, Blut- und/oder Bratwurst sowie Stöckelkraut in einer klassischen „Innviertler Rein" anrichten. Aus dem Mühlviertel wiederum stammt der Brauch, vor allem Grammel- und Speckknödel nicht zu kochen, sondern in einer gut befetteten Rein bei ca. 200 °C im Backrohr zu backen, bis sie goldbraun sind. Dann versprudelt man 3 Eier mit jeweils 1/4 l Milch und Sauerrahm, salzt die Mischung und gießt sie über die Knödel. Die Knödelrein wird erst serviert, wenn die Masse gestockt ist.

Wie viele Knödel an einem Tag?

Um herauszufinden, wie viele Knödel ein Mensch „auf einen Sitz“ essen kann, werden nicht nur im Innviertel regelmäßig so genannte „Knödelolympiaden“ veranstaltet. Die Frage, wie viele Knödel ein Mensch an einem Tag machen kann, lässt sich auch ohne Wettbewerb beantworten. Man fragt dafür am besten Frau Gerti, die kochende Wirtin des auch gerne als „Innviertler Knödelvatikan“ bezeichneten Wirtshauses „Moar z'Pötting“ in Andrichsfurt. Wenn Frau Gerti nicht mindestens 500 Stück ihrer winzigen Knöderln an einem Tag „weiterbringt“, stellt sich bei ihr kaum Zufriedenheit ein. Auch 1.000 Stück gehen ihr immer noch leicht von der Hand. Ihr persönlicher Rekord liegt allerdings bei 2.000 Knödeln. Dann allerdings, gesteht sie freimütig, „bin ich ziemlich fertig“.

Z'samm'legte Knödel

Zutaten

150 g durchwachsener Speck
80 g grober Grieß
1 Packung fertiger Strudelteig
Salz

Zubereitung

Den Speck kleinwürfelig schneiden und zu knusprigen Speckgrammeln auslassen. Knapp bevor die Grammeln fertig sind, den Grieß einstreuen und kurz mitrösten lassen. Masse überkühlen lassen. Strudelteig zu 20 cm großen Quadraten ausrollen. Auf jedes davon ein Häufchen der Speckmasse setzen und den Teig darüber zusammenschlagen sowie mit einem Zahnstocher gut zusammenstecken.

Die auf diese Weise entstandenen Päckchen 15 bis 20 Minuten in Salzwasser kochen. Zahnstocher entfernen und zu Geselchtem mit Sauerkraut servieren.

Unser Tipp

Dasselbe Gericht funktioniert auch mit einem klassischen Nudelteig sehr gut.

Hausruckviertler Erdäpfelknödel

Zutaten

1 kg mehlige Erdäpfel
3 Eier
5 EL Mehl
Salz
1 Prise Zucker
1 Prise geriebene Muskatnuss
1 Semmel
1 EL Butter

Zubereitung

Die geschälten Erdäpfel am Vortag kochen, über Nacht stehen lassen und dann mit einem Reibeisen reiben oder durch ein Sieb pressen. Erdäpfelmasse mit Eiern und Mehl vermischen, den Teig mit Salz, Zucker und Muskat würzen und so lange kneten, bis er sich von der Schüssel löst. Die kleinwürfelig geschnittene Semmel in heißer Butter anrösten. Aus dem Teig Knödel formen und in jeden davon etwas von den Semmelwürfeln einarbeiten. Knödel in kochendes Salzwasser einlegen und so lange kochen, bis sie aufsteigen.

Geflügel

Hendlsulz

Zutaten

1 kleines Hendl (ca. 1 kg)
1 mittlere weiße Zwiebel
1 Lorbeerblatt
3/4 l Geflügelfond oder Hühnersuppe
125 g Champignons
4 kleine Karotten
2 EL Butter
1/4 kg Schinken oder G'selchtes
2 in Scheiben geschnittene, hart gekochte Eier
6 Blatt Gelatine
1/8 l Weißwein
2 EL Apfel-Balsamico-Essig
Pfeffer, Salz
1 EL fein gehackte Petersilie
1 KL fein gehackter Kerbel
1 KL fein gehackter Estragon

Zubereitung

Das ausgenommene und gut geputzte Hendl mit Zwiebel und Lorbeerblatt in Geflügelfond oder Hühnersuppe etwa 45 Minuten leicht wallend kochen und in der Flüssigkeit abkühlen lassen. Inzwischen die Champignons putzen und in Scheiben schneiden. Die Karotten mit einem scharfen Messer putzen und ebenfalls in Scheiben schneiden.
In einer Kasserolle die Butter zerlassen und darin die Karotten mit wenig Hühnersuppe kernweich dünsten. Dann die Champignonscheiben dazugeben und ebenfalls kurz anziehen lassen. Währenddessen das Hendl aus der kalten Suppe nehmen und die Haut abziehen sowie allfällige Fettpolster entfernen.
Das Fleisch von den Knochen lösen und in gleichmäßige Streifen schneiden. Den Schinken bzw. das G'selchte kleinwürfelig schneiden, mit dem ausgelösten Hendlfleisch vermischen und in eine runde, mit gekochten Eierscheiben ausgelegte Glasschüssel geben. Karotten und Champignons mitsamt dem Schmorsaft unter das Fleisch mengen.

Die Gelatineblätter laut Gebrauchsanweisung in kaltem Wasser einweichen und ausdrücken. Etwa 1/2 l Hühnersuppe oder Geflügelfond mit Wein und Apfel-Balsamico-Essig aufkochen lassen, salzen, pfeffern und die Kräuter hinzufügen. Ausgedrückte Gelatine einrühren und in der heißen Flüssigkeit auflösen. Die Flüssigkeit in die Schüssel über das Fleisch gießen und abgedeckt bei Zimmertemperatur auskühlen lassen. Dann erst in den Kühlschrank stellen und über Nacht stocken lassen.
Die Schüssel vor dem Stürzen kurz in heißes Wasser stellen, da die Sulz dann leichter herausrutscht. Sulz aufschneiden und als kalte Vorspeise servieren.

Mosthenderl „Coq au Most“

Die Bezeichnung stammt von meiner Uroma, die immer schon etwas „fürs Feine“ und damit auch fürs Französische übrig hatte.

Zutaten

1 Hendl von ca. 1,3 kg
Salz, weißer Pfeffer
1 Messerspitze getrockneter Majoran,
2 EL Butter- oder Gänseschmalz
kräftiger Schuss Most
4 mittlere Erdäpfel
8 Schalotten
200 g Champignons oder Wildpilze
2 EL Butter
60 g fein gehackter Speck
1/4 l gemischter oder Birnenmost
1 KL Maismehl
1/8 l Schlagobers
Salz, Pfeffer, 2 EL fein gehackte Petersilie

Zubereitung

Das Hendl mit einer Geflügelschere oder einem scharfen Messer in vier Teile (Biegeln und Bruststücke) schneiden. Salzen, pfeffern und mit Majoran einreiben. Schmalz in einer Pfanne erhitzen und die Hendlteile rundum knusprig und goldbraun anbraten. Mit etwas Most ablöschen, geschälte und in Scheiben geschnittene Erdäpfel dazugeben, den Deckel aufsetzen und ca. 40 Minuten auf sehr kleiner Flamme dünsten lassen.

In der Zwischenzeit die Schalotten schälen und nach Belieben halbieren. Die Champignons bzw. Wildpilze putzen sowie, je nach Größe, halbieren oder vierteln. Butter erhitzen, den feinwürfelig geschnittenen Speck anrösten und Pilze sowie Schalotten darin ca. 6 Minuten auf kleiner Flamme andünsten. Mit Most ablöschen, aufkochen lassen und mit dem Schneebesen das zuvor mit Maismehl vermischte Schlagobers einrühren.

Soße einkochen lassen, bis sie schön sämig ist und mit Salz und Pfeffer abschmecken.

Die Hendlteile mitsamt den Erdäpfelscheiben aus der Kasserolle heben und auf einer vorgewärmten Platte anrichten.

Schalotten und Champignons gleichmäßig darüber verteilen und alles mit der Mostsoße übergießen.

Mit gehackter Petersilie bestreut auftragen.

Unser Tipp

Dazu schmecken frisches Weißbrot oder knusprige Salzstangerln am besten.

Supp'nhenn

Zutaten

1 Freilandhuhn von ca. 1,8 kg
ca. 2 l Wasser
1/2 kg Wurzelwerk
1 weiße Zwiebel
4 Pfefferkörner
3 Neugewürzkörner
1 kleines Lorbeerblatt
2 Nelken
1 Zweiglein Thymian, Salz
150 g Suppennudeln
1 El fein gehackter Schnittlauch

Zubereitung

Das gut geputzte und gewaschene Huhn in kaltem Wasser aufstellen und zum Sieden bringen. Aufsteigendes Eiweiß abschäumen und die Suppe immer wieder entfetten. Geputztes Wurzelwerk in Stäbchen von ca. 0,3 cm Dicke schneiden. Die Zwiebel halbieren und die beiden Hälften mit der Schnittfläche nach unten in einer Pfanne bei starker Hitze fast schwarz anbräunen.
Gewürze in ein Leinensäckchen oder einen Teebeutel stecken und mitsamt den Zwiebelhälften in die Suppe geben. Mit Salz würzen. Wenn das Huhn weich gekocht ist, das geschnittene Wurzelwerk hinzufügen und kernweich kochen. Das Huhn aus der Suppe nehmen, Haut abziehen, große Knochen auslösen sowie Hühnerfleisch in gleichmäßige Stücke schneiden.
In der Zwischenzeit die Suppennudeln in der Brühe weich kochen. Suppe in einem vorgewärmten Suppentopf mit Hühnerfleisch, Gemüse und Nudeln heiß servieren und mit Schnittlauch bestreuen.

Unser Tipp

Im Gegensatz zu den heutigen Essgewohnheiten wurde diese kräftige Hühnersuppe mit besonders üppiger Nudeleinlage und Wurzelgemüse früher als Hauptgericht serviert.

Blunz'nbaunzerln mit Süßmostkraut · *Rezept S. 46*

Die Klassiker in der Küche des Landes ob der Enns:
deftig-opulente Knödelgerichte

Innviertler Grammelknödel · *Rezept S. 52*

Antenoasch

Zutaten

400 g Entenklein inkl. Hals, Flügerln,
Herz, Magen, Leber und Bürzel
2 Entenbiegel
100 g Wurzelwerk
das Weiße einer kleinen Stange Lauch
1 Hühnersuppenwürfel
4 Pfefferkörner
20 g Enten- oder Gänsefett
20 g Mehl, 200 ml Schlagobers
50 g Erbsen
Salz
1 Messerspitze Muskatnuss
2 EL fein gehackte Petersilie
abgeriebene Schale einer halben Zitrone

Zubereitung

Das Entenklein und die Entenbiegel mit Wurzelwerk, Lauch, Hühnersuppenwürfel und Pfefferkörnern in kaltem Wasser aufstellen, aufkochen und etwa 3/4 Stunde lang weich garen. Suppe abseihen und bereithalten, das Entenklein und Wurzelwerk überkühlen lassen.

In der Zwischenzeit das Fett erhitzen, mit Mehl eine lichte Einbrenn zubereiten, mit etwa 200 ml der abgeseihten Suppe und Schlagobers aufgießen, die Flüssigkeit sämig einkochen und durch ein Spitzsieb passieren.

Währenddessen Erbsen in Salzwasser kochen, abseihen und beiseite stellen. Je nach Belieben einen größeren oder kleineren Teil des Wurzelwerks klein schneiden, Entenfleisch soweit möglich von den Knochen lösen und ebenfalls klein schneiden.

Kurz vor dem Servieren Fleisch und Gemüse nochmals kurz in der Soße erwärmen, mit Muskatnuss und Salz abschmecken und alles auf einer tiefen Platte anrichten. Mit klein gehackter Petersilie sowie abgeriebener Zitronenschale bestreuen und mit Bandnudeln servieren.

Unser Tipp

Das namens- und geschmacksgebende Bürzel, in Oberösterreich auch „Bischof" genannt, kann, muss aber nicht mitgegessen werden.

Wild auf Wild

Wildgerichte haben im an schönen Jagdrevieren so reichen Oberösterreich seit jeher Saison. So findet sich das Rezept eines „Hasen in einer Pastete" schon im Ende des 18. Jahrhunderts erschienenen Linzer Kochbuch. Dabei handelt es sich nur um eines aus einer erklecklichen Anzahl von Wildrezepten, die darauf schließen lassen, dass Wildspezialitäten früher keineswegs nur, wie man häufig liest, vom Adel, sondern durchaus auch in bürgerlichen Kreisen mit Genuss gegessen wurden. So findet man im „Linzer Kochbuch" beispielsweise auch Rezepte für gebratene Haselhühner, Rebhühner, Wildtauben, Krammetsvögel, Schnepfen und Fasane, aber auch eine „Hirschbrust in guter Soß", einen Rehschlegel oder einen Wildschweinbraten.

Fasan „Schloss Hohenbrunn“

Zutaten

2 gerupfte, ausgenommene Fasane
Salz, Pfeffer
1/2 kg in dünne Scheiben
geschnittener fetter Speck
150 g Butter
2 Zwiebeln
2 EL Butter zum Dünsten
1/2 kg Weißkraut
1/2 l Hühnersuppe
1/2 Bouteille halbsüßer
oder süßer Weißwein
Kümmel

Zubereitung

Fasane dressieren, innen und außen kräftig mit Salz und Pfeffer würzen. In Speckscheiben gut einhüllen und dann mit einem Küchenspagat umbinden. In einer Pfanne reichlich Butter erhitzen und die Fasane darin bei guter, aber nicht zu großer Hitze hellbraun und halbgar braten. Währenddessen werden die Fasane ab und an gewendet. Inzwischen Zwiebeln fein hacken, in Butter glasig dünsten, feinnudelig geschnittenes Weißkraut dazugeben, mit Hühnersuppe sowie Süßwein aufgießen, mit Kümmel würzen und weich kochen, bis das Kraut die Flüssigkeit weitgehend aufgenommen hat.
Die halbfertig gebratenen Fasane auf diesen Krautsockel setzen, zudecken und auf sehr kleiner Flamme etwa 35 Minuten fertig schmoren, bis das Fleisch durch, aber noch saftig ist. Die Fasane in 8 Stücke zerteilen, in die Mitte einer vorgewärmten Platte legen und das Kraut rundherum anrichten. Mit „z'sammg'legten Knödeln“ (siehe Rezept S. 54) servieren.

Fleisch und Wild

Grieskirchner Bierfleisch

Zutaten

800 g durchzogenes Rindfleisch
(vom unteren Teil der Rindskeule)
120 g nicht zu fetter Jausenspeck oder
Beinschinken mit Fettrand
1 große weiße Zwiebel
2 EL Butterschmalz oder Öl
Schuss Bieressig (ersatzweise ein möglichst
wenig aromatisierter anderer Essig)
400 ml dunkles Bier
ca. 200 ml Rindsuppe zum Aufgießen
1 Lorbeerblatt
Prise getrockneter Thymian
einige Pfefferkörner
Prise Zucker
Salz
6 nussgroße, eisgekühlte Butterstücke
Pfeffer aus der Mühle

Zubereitung

Das Rindfleisch wie für ein Gulasch in größere Würfel oder blättrig schneiden, den Jausenspeck bzw. den Beinschinken ebenso kleinwürfelig hacken wie die Zwiebel. In einer großen Kasserolle das Butterschmalz oder Öl erhitzen, Zwiebel und Speck gemeinsam hellgelb anschwitzen. Dann – bei großer Hitze – die Fleischwürfel einmengen und rasch von allen Seiten her kräftig anbraten. Mit einem Schuss Essig ablöschen und mit Bier und Rindsuppe aufgießen. Kurz aufkochen lassen und dabei umrühren, anschließend mit Lorbeer, Thymian, Pfefferkörnern, einer Prise Zucker und Salz gut würzen.
Nun lässt man das Ragout zugedeckt auf kleiner Flamme etwa 1 1/2 bis 2 Stunden köcheln, bis das Fleisch weich ist. Sobald das Fleisch schön mürbe ist, wird es in ein anderes Gefäß umgestochen und warm gestellt. Für die mollige Soße wird die verbliebene Flüssigkeit auf hoher Hitze so lange eingekocht, bis sie sämig wird und beginnt sich zusammenzuziehen.

Kasserolle vom Feuer nehmen, die kalten Butterstücke zügig einrühren, das warm gestellte Ragout wieder zugeben und abschließend nochmals mit Salz und Pfeffer abschmecken. Mit Bandnudeln oder Nockerln sowie Häuptelsalat servieren.

Katzeng'schroa

Für 3 Portionen

Zutaten

150 g Kalbsvögerln
150 g Rindfleisch (Gulaschfleisch)
150 g Schweinsschulter
1 Bund Wurzelwerk
1 mittlere Zwiebel
2 EL Pflanzenöl
ca. 1/8 l Rindsuppe
Salz, Pfeffer
1 EL Mehl
1/8 l Sauerrahm
2 Essiggurkerln
1 EL Kapern
1 Sardellenfilet
1 Messerspitze abgeriebene Zitronenschale
1 Prise Zucker

Zubereitung

Fleisch in etwa 1 cm dicke Streifen und geputztes Wurzelwerk nudelig schneiden. Die Zwiebel fein hacken, in Öl glasig werden lassen, Fleisch und Wurzelwerk dazugeben und alles zusammen rasch anbraten. Mit Rindsuppe aufgießen, salzen, pfeffern und zugedeckt weich dünsten. Inzwischen das Mehl mit dem Sauerrahm versprudeln und, sobald das Fleisch weich ist, einrühren. Gurken fein hacken und gemeinsam mit den grob gehackten Kapern und der fein gehackten Sardelle unter die Soße rühren. Mit Zitronenschale und Zucker abschmecken. Mit Nockerln servieren.

Zipfer Krenfleisch

Zutaten

700–800 g Schweinefleisch
(Jungschweinernes, Schulter oder Bauchfleisch)
Pfefferkörner
1 Lorbeerblatt
1–2 Knoblauchzehen
1 große Zwiebel
1 großer Bund Wurzelgemüse
1/4 l kräftige Fleischsuppe
1/4 l Zipfer Urquell (ersatzweise ein anderes oberösterreichisches Bier)
Salz, 2 cl Bieressig
frischer Kren zum Reiben
eventuell Butterbrösel zum Bestreuen

Zubereitung

Das Schweinefleisch zuerst würfelig schneiden, wobei man allfällige Speckschwarten als Geschmacksträger ohne weiteres mitverwenden kann. Pfefferkörner, Lorbeerblatt sowie die leicht angedrückten Knoblauchzehen in ein Leinensäckchen oder einen Teebeutel binden.

Die Zwiebel in feine Ringe, das geputzte Wurzelwerk in Streifen schneiden. Nun das Fleisch in einem geeigneten Topf mit der Suppe sowie dem Bier zustellen, das Leinen- oder Teesäckchen sowie Salz beigeben und alles ungefähr 1 Stunde vor sich hin köcheln lassen, wobei eventuell so viel zusätzliche Flüssigkeit angegossen werden muss, dass das Fleisch immer gerade davon bedeckt ist.

Dann die Wurzelwerkstreifen und Zwiebelringe hinzufügen und noch weitere 30 Minuten mitkochen lassen.

Ist das Fleisch weich, das Gewürzsäckchen entfernen und den Sud, wenn nötig, mit einem guten Schuss Bieressig sowie etwas Salz aromatisieren.

Vor dem Servieren wird das Fleisch noch mit frisch gerissenem Kren und nach Belieben auch mit gerösteten Semmelbröseln bestreut und gemeinsam mit dem Sud und dem Wurzelwerk aufgetragen. Dazu passen Kümmelerdäpfel.

Bierkirchen und Brau-Communen

Es passt zur Bierleidenschaft der Menschen in Oberösterreich, dass sie dem Bier sogar einen eigenen Altar gestiftet haben. Er steht in der Rieder Pfarrkirche und wurde 1669 im Auftrag der Brauerzunft von keinem Geringeren als dem Genius loci *Thomas Schwanthaler errichtet. Ganz und gar irdisch geht es indessen in der Freistädter „Brau-Commune" zu, die trotz ihres verdächtigen Namens absolut nichts mit Kommunismus zu tun hat, sondern mit der mittelalterlichen Organisation des Braurechts. Damals durfte jedes Haus jährlich eine bestimmte Menge Bier herstellen. Es lag also nahe, sich zur gemeinschaftlichen Benutzung der notwendigen Geräte zu einer „Commune" zusammenzuschließen. Daraus entstand die heutige Landbrauerei, die noch immer als Vereinigung der alten Haus- oder Reihenbrauer organisiert ist.*

Eine weitere Rarität alter Bierkultur, die in Oberösterreich überlebt hat, ist das Kübelbier, eine in Mühlviertler Klein- und Kleinstbrauereien bis heute gebraute Bierspezialität. Der Name rührt daher, dass man das Bier nach dem Anstich früher in einem Kübel in die Wirtschaft trug.

Leberschedl (Leberbunkl)

Zutaten

1/2 kg Schweinsleber
300 g Schweinsbackerlfleisch
4 altbackene Semmeln
1/4 l Milch
2 Eier
1 größere weiße Zwiebel
Salz, Pfeffer
1 Prise wilder Majoran
1 KL geriebene Zitronenschale
2 EL Semmelbrösel
1 gewässertes Schweinsnetz
Rind- oder Schweinssuppe zum Aufgießen

Zubereitung

Leber mit einem scharfen Messer schaben und Schweinsbackerlfleisch faschieren. Die Semmeln gründlich in Milch weichen, danach gut ausdrücken und durch eine Flotte Lotte passieren bzw. im Mixer pürieren.
Aus all diesen Zutaten in einer geeigneten Schüssel eine homogene Masse rühren. Eier, sehr fein gehackte Zwiebel, Gewürze, Zitronenschale und Semmelbrösel unterrühren, bis die Masse schön sämig ist. Eine Bratenform mit dem gut trocken getupften Schweinsnetz auskleiden.
Die Leberschädelmasse einfüllen und das Schweinsnetz darüber zusammenschlagen.
Im auf 180 °C vorgeheizten Backrohr etwa 1 Stunde bräunen und dabei häufig mit Suppe begießen.
Den fertigen Leberschädel in Tranchen schneiden, auf einem Sauerkrautsockel (siehe Rezept für G'selchtes mit Sauerkraut und Grießknödeln S. 80) fächerförmig anrichten und mit heißen Salzerdäpfeln umlegen.

Gebackenes Osterkitzerl

Zutaten

ca. 2 kg Kitz (junge Ziege,
ersatzweise auch junges Lamm) mit Knochen
oder 1 kg ausgelöstes Kitzfleisch
von Keulen, Schulter und Brust
Salz, Rosmarin
Mehl und Semmelbrösel zum Panieren
3 Eier
Butterschmalz oder Pflanzenöl
zum Herausbacken
Zitronenspalten und krause Petersilie
zum Garnieren

Zubereitung

Wenn man ein Kitz im Ganzen verarbeitet, so wird das Fleisch je nach Vorliebe völlig oder zumindest teilweise ausgelöst und in Portionen geteilt, wobei auch das Hirn und die Innereien (Leber und Niere) mitverwendet werden können. Das Fleisch mit Salz und eventuell Rosmarin würzen, in Mehl wenden, durch die verquirlten Eier ziehen und abschließend in den Semmelbröseln wälzen.

Das Fett in einer geeigneten Pfanne erhitzen und die panierten Kitzstücke darin langsam goldbraun ausbacken. Herausheben, gut abtropfen lassen oder mit Küchenkrepp abtupfen und mit Zitronenscheiben und Petersilie garniert anrichten. Mit Petersilerdäpfeln und Vogerlsalat servieren.

Unser Tipp

Geben Sie ein oder zwei ungeschälte, aber zwischen den Fingern leicht angedrückte Knoblauchzehen ins Backfett. So schmeckt das Kitzerl noch würziger.

Traunviertler Mostkitzerl

Zutaten

1/4 Kitz (junge Ziege,
ersatzweise auch junges Lamm)
1 l Most
3 EL Butterschmalz
1–2 EL Mehl zum Wenden
150 g würfelig geschnittener
Frühstücksspeck
150 g in Scheiben geschnittene Zwiebeln
200 g blättrig geschnittenes Wurzelwerk
1 in Scheiben geschnittene
ungespritzte Zitrone
3 Lorbeerblätter
8 Pfefferkörner
3 Gewürznelken
1–2 EL Mehl
1/8 l Sauerrahm

Zubereitung

Das Kitz am besten schon vom Fleischhauer in gleich große Stücke hacken lassen, dann 48 Stunden in Most beizen und währenddessen öfters wenden. Die Kitzstücke aus der Marinade nehmen und trocken tupfen. In einer Bratenpfanne das Butterschmalz erhitzen, die Kitzstücke rundum leicht bemehlen und gemeinsam mit Speck, Zwiebeln und Wurzelwerk von allen Seiten anbraten. Zitronenscheiben und Gewürze hinzufügen und unter oftmaligem Begießen mit der Mostmarinade etwa 1 1/2 Stunden im vorgeheizten Backrohr bei 180 °C braten.

Fertig gegartes Kitz herausheben, warm stellen, Bratenrückstand durch Spitzsieb seihen und die Soße in eine kleine Kasserolle gießen. Mit etwas Mehl stauben, den glatt gerührten Rahm untermengen, nochmals aufkochen lassen und über die angerichteten Kitzteile gießen. Dazu passen Petersilerdäpfel und Fisolensalat.

Ennstaler Feiertags-Mostbratl

Zutaten

800 g Rindslungenbraten
Salz, Pfeffer aus der Mühle
100 g Selchspeck im Ganzen
100 g dünn geschnittener, durchzogener Frühstücksspeck
1 Bund Suppengemüse
1 Zwiebel
Rindsuppe zum Aufgießen
1–2 EL Schwarzbrotbrösel
1 Lorbeerblatt, Zitronensaft
Most zum Aufgießen

Zubereitung

Den Lungenbraten von allfälligen Sehnen befreien, mit Salz und frisch gemahlenem Pfeffer rundum kräftig würzen. Nun schneidet man den Selchspeck stiftelig und spickt damit den Lungenbraten auf einer Seite. Danach wird der Boden einer passenden Bratenpfanne mit den Speckscheiben regelmäßig ausgelegt, worauf das blättrig geschnittene Suppengemüse und die ebenso geschnittene Zwiebel drapiert werden. Das Backrohr auf etwa 200 °C vorheizen. Den Lungenbraten mit der ungespickten Seite nach unten einlegen und unter oftmaligem Begießen je nach gewünschtem Garpunkt zwischen 30 bis 40 Minuten (englisch) und 1 Stunde braten. Den fertig gebratenen Lungenbraten herausheben, warm stellen und noch mindestens 15 Minuten rasten lassen.
Für die Mostsoße entfernt man zunächst das Gemüse und den Speck. Danach wird der Bratenrückstand mit wenig Suppe aufgegossen. Anschließend rührt man die Schwarzbrotbrösel ein, aromatisiert mit Lorbeerblatt und Zitronensaft und gießt mit Most auf. Die Soße so lange einkochen, bis sie die gewünschte Molligkeit aufweist. Den Lungenbraten in Scheiben schneiden, anrichten und mit der Mostsoße überziehen. Mit Erdäpfel- oder Speckknöderln sowie grünem Salat servieren.

Von Mostschädeln und Mostindianern

Die oberösterreichische Landessäure ist auch für den Spitznamen „Mostschädeln“ verantwortlich, mit dem insbesondere die als hochnäsig verschrieenen Wiener die Bewohner des Landes der österreichischen Mitte zu stigmatisieren pflegen. Der Oberösterreicher weiß seinen „Mostschädel“ indessen durchaus mit Würde zu tragen, zu der sich ein ehrlicher Stolz auf das Nationalgetränk mischt. Tatsächlich wird zwar in Oberösterreich sicherlich mehr Bier als Most getrunken. Doch Bier trinken auch die Tiroler oder die Salzburger, der Most hingegen ist ein Teil der bodenständigen Identität. Der oberösterreichische Most wird aus Mostäpfeln oder „Landlbirn“ gepresst und gerne als so genannter „Mischling“ getrunken. Die Sortenvielfalt der verwendeten Früchte ist übrigens beträchtlich und reicht von der Gelben Scheibelbirne und der Grauen Holzbirne über die Große Mostpuker und die Schmatzbirne bis hin zur Tollbirne, dem Weißen Wiesling und dem Weberbartlapfel.

Der oberösterreichische Most ist zumeist sehr herb, spritzig und stark säuerlich. An heißen Sommertagen wird er auch gerne mit Sodawasser aufgespritzt. Die Wichtigkeit des Mostes lässt sich auch daran ermessen, dass Oberösterreich lange Zeit im Volksmund als „Mostindien“ und die Einheimischen demzufolge als „Mostindianer“ bezeichnet wurden.

Schermripperln mit Semmelkren

Zutaten

Für das Fleisch:
3/4 kg Rindsknochen
6 Pfefferkörner
4 Wacholderbeeren
1 großer Bund Suppengrün
bzw. Wurzelwerk
1 kleine Zwiebel
100 g Rindsleber
100 g Rindermilz
1 kg Schermripperln (Beinfleisch)
vom Rind
eventuell nochmals
etwas Suppengemüse

Für den Semmelkren:
4 altbackene Semmeln
ca. 1/4 l Rindsuppe
3–4 Safranfäden
2 Eidotter
Salz, Pfeffer
1/8 l Sauerrahm
1–3 EL frisch gerissener Kren

Zubereitung

Die Rindsknochen mit gut gesalzenem kaltem Wasser, Gewürzen, Suppengrün, Zwiebel sowie Leber und Milz aufstellen und langsam zum Kochen bringen.
Sobald das Wasser aufwallt und zu kochen beginnt, legt man das Beinfleisch ein und kocht es auf kleiner Flamme etwa 1 1/2 bis 2 Stunden weich. Wenn man die Suppengemüse mitessen möchte, so legt man noch gesondert etwas frisches Suppengemüse 15 Minuten vor dem Garwerden des Fleisches ein. Will man nur den Gemüsegeschmack in die Suppe bringen, erübrigt sich das.

Während das Fleisch kocht, bereitet man den Semmelkren zu, indem man die Semmeln zunächst entrindet und in feine Scheiben schneidet, bevor man sie mit so viel siedender Rindsuppe begießt, dass man daraus einen dicken Semmelbrei rühren kann, den man so lange auf kleiner Flamme ziehen lässt, bis er glatt und sämig ist. Dann mengt man den Safran und die Dotter ein, damit der Semmelbrei noch etwas mehr Farbe bekommt und geschmeidiger wird. Wenn die Eidotter zu binden beginnen, schmeckt man den Brei mit Salz und Pfeffer ab, rührt den Sauerrahm unter und gibt – je nach gewünschter Schärfe – den Kren dazu. Den Semmelkren serviert man mit den portionierten Beinfleischstücken, nicht aber mit Leber und Milz, die lediglich der Klärung der Rindsuppe dienen, welche man beliebig weiterverwenden oder vor der Hauptspeise mit einer Suppeneinlage reichen kann.

Unser Tipp

Statt des Semmelkrens wird in Oberrösterreich auch manchmal ein Erdäpfelschmarren aus gekochten und zerstoßenen Kartoffeln serviert, die in reichlich Butter und Zwiebeln geschwenkt sowie gut mit Salz, Pfeffer und Kümmel gewürzt werden.

G'selchtes mit Sauerkraut und Grießknödeln

Zutaten

800 g G'selchtes
(Teilsames oder Karree)
1 Bund Suppengrün
1 kleine Zwiebel
1 Lorbeerblatt
4 Neugewürzkörner

Für die Grießknödel:
1/2 kg Grieß
100 g Butter- oder Schweineschmalz
1/2 l Salzwasser oder Selchsuppe

Für das Sauerkraut:
1/2 kg Sauerkraut
1 Lorbeerblatt
6 Wacholderbeeren
6 Pfefferkörner
100 g durchzogener Speck
im Ganzen mit Schwarte
1–2 EL Butterschmalz
1 EL griffiges Weizenmehl
150 ml Rindsuppe
Salz
Pfeffer aus der Mühle

Zubereitung

G'selchtes vor dem Kochen 1 Stunde lang in kaltes Wasser legen, damit es später nicht überwürzt schmeckt. Danach frisches, ungesalzenes Wasser zum Kochen bringen, Suppengrün und G'selchtes mit Gewürzen dazugeben und ca. 50 bis 60 Minuten leicht wallend kochen. Für die Grießknödel den Grieß zunächst mit heißem Fett, darauf mit siedend heißem, leicht gesalzenem Wasser oder Selchsuppe übergießen, anschließend 1 Stunde ziehen lassen und dann mit feuchten Händen mittelgroße Knödel daraus formen.

Hendlsulz · *Rezept S. 57*

Supp'nhenn · ***Rezept S. 60***

Gefüllte Schweinsbrust · *Rezept S. 86*

Die Knödel in kochendes Salzwasser einlegen und wallend kochen, bis sie nach ca. 8 bis 10 Minuten aufsteigen. Währenddessen das Sauerkraut in kaltem Wasser ansetzen. Gewürze in ein Leinen- oder Teesäckchen binden, vom Speck die Schwarte abtrennen, diese gemeinsam mit den Gewürzen dem Kraut zufügen und alles zum Kochen bringen. Je nach Belieben 30 bis 45 Minuten köcheln lassen. Wasser abgießen sowie Speckschwarte und Gewürze entfernen. Den restlichen Speck in kleine Würfel schneiden, in einer Pfanne das Butterschmalz zerlassen und die Speckwürfel darin anrösten. Mit etwas Mehl stauben, kurz anziehen lassen und mit Rindsuppe aufgießen. Nun nach und nach das Sauerkraut einrühren und alles noch einige Minuten durchkochen lassen. Mit Salz und Pfeffer nochmals abschmecken. Eine große, gut vorgewärmte Platte mit dem fertigen Sauerkraut auslegen, darauf das in ca. 1 cm dicke Scheiben geschnittene G'selchte auflegen und die Grießknödel rundherum anrichten.

Unser Tipp

Zu diesem Gericht gehört entweder ein gut gepflegtes Bier oder ein Krug Most.

Lichtbratlmontag

Die gefüllte Schweinsbrust im nachstehenden Rezept ist ein klassisches „Lichtbratl“, wie es im Salzkammergut auch heute noch im Herbst gegessen wird. Wenn die Tage nach Herbstanfang wieder kürzer und die Nächte länger werden, stimmen sich die Salzkammergutler allmählich auf den Winter ein. In Bad Ischl trifft man sich beispielsweise am „Lichtbratlmontag“, dem 29. September, traditionell zum ersten Abendessen bei „künstlichem Licht“, das der Bauer für sein Gesinde, der Meister für seine Gesellen, der Chef für seine Untergebenen und die Eltern für ihre Kinder ausrichten.

Gefüllte Schweinsbrust

Zutaten

1 Schweinsbrust von ca. 1 kg
(inkl. Schwarte)
Salz, Pfeffer
1 KL Kümmel
2 Knoblauchzehen

Für die Fülle:
4 altbackene Semmeln
1/8 l Sauerrahm
ca. 150 ml Milch
2 Eier
30 g Butter
1 kleine Zwiebel
100 g fein gehackter Schinken
1 EL fein gehackte Petersilie
1 Messerspitze Muskatnuss
Salz, Pfeffer
150–200 ml Malzbier
etwas Mehl zum Stauben

Zubereitung

Die Schweinsbrust innen schwach und außen stärker salzen, an der Außenseite auch mit Pfeffer, Kümmel und zerdrückten Knoblauchzehen würzen. Schweinsbrust beiseite stellen und inzwischen die Fülle zubereiten.
Dafür die Semmeln kleinwürfelig schneiden, den Rahm und die Milch mit den Eiern versprudeln und über die Semmelwürfel gießen. Butter in einer kleinen Pfanne erhitzen und darin die fein gehackte Zwiebel goldgelb rösten, dann die Schinkenwürfel kurz mitrösten und alles gemeinsam mit der Petersilie und der geriebenen Muskatnuss unter die Fülle rühren.
Die Masse salzen und pfeffern, mit angefeuchteten Händen gut durcharbeiten und 10 bis 20 Minuten ziehen lassen. Die Semmelmasse anschließend in die Schweinsbrust füllen, die danach mit Küchengarn

zugenäht wird. Die Schwarte mit einem sehr scharfen
Messer der Länge und der Breite nach einschneiden,
so dass Quadrate von rund 1 cm Seitenlänge entstehen.
In einer Bratenpfanne fingerhoch heißes Salzwasser
erhitzen und die Schweinsbrust mit der Schwarte nach unten
einlegen und ca. 15 Minuten köcheln lassen.
Danach die Schweinsbrust mit der Schwarte nach oben
in eine Bratpfanne setzen und unter gelegentlichem
Begießen mit Malzbier insgesamt etwa 90 Minuten zunächst
bei 220 °C und nach einer Viertelstunde bei 180 °C braten.
Die Backrohrtür dabei möglichst einen Spalt offen lassen,
da die Kruste sonst Blasen wirft.
Die gefüllte Kalbsbrust nach Ende der Bratzeit noch
etwa 10 Minuten lang im geöffneten Rohr rasten lassen.
In Tranchen schneiden, fächerförmig anrichten und den
leicht gestaubten, entfetteten und eingekochten
Bratensaft extra dazu servieren.
Als Beilage empfiehlt sich Häuptelsalat mit
ausgelassenen Speckgrammeln.

Faschierter Hase nach Art meiner Uroma

Zutaten

**1 ganzer, abgezogener Feldhase
mittlerer Größe
1/2 kg Schweinsschulter
100 g Räucherspeck im Ganzen
1/8 l Rotwein
1 ganze Semmel
2–3 EL Semmelbrösel
1 Ei
abgeriebene Zitronenschale
Pfeffer
Salz
Butter für die Form
100 g hauchdünn
aufgeschnittener Frühstücksspeck
Wasser oder Suppe zum Begießen
2–3 EL Sauerrahm**

Zubereitung

Von den Läufen, Rücken und Bauchlappen das rohe Fleisch abschaben und gemeinsam mit Lunge und Herz sowie nicht allzu fettem Schweinefleisch durch den Fleischwolf drehen. Geschabten Räucherspeck, die in Rotwein geweichte Semmel, die Semmelbrösel, das Ei und die abgeriebenen Zitronenschalen dazugeben sowie mit Pfeffer und Salz würzen und alles gut vermengen.
Aus der Masse einen „Hasenrücken" formen.
Eine Bratenpfanne gut mit Butter ausstreichen.
Den faschierten Hasen darauf setzen und mit hauchdünnen Speckscheiben belegen.
Einige Butterflocken draufsetzen. Im auf 180 °C vorgeheizten Backrohr unter oftmaligem Begießen je nach Größe 75 bis 90 Minuten braten. Eine Viertelstunde vor Ende der Bratzeit Sauerrahm unter den Bratensaft rühren und mit diesem gut verkochen lassen.

Speckscheiben kurz vor Ende der Bratzeit entfernen und zum Dekorieren verwenden. Hasenbraten in gleichmäßige Tranchen von 1,5 cm Dicke aufschneiden und mit Erdäpfelnudeln und Preiselbeeren servieren.

Die Linzer Köchinnen

Die Linzerinnen waren (und sind selbstverständlich bis heute) offenbar nicht nur schön, sondern auch exzellente Köchinnen. In alten, hochherrschaftlichen Wiener Haushalten zog man die Linzer Köchinnen sogar den böhmischen vor, wofür auch die folgende Strophe eines alten Küchenliedes spricht:

„Mein Linzer Mädchen Margareth
Das Kochen excellent versteht.
In jedem Dienst hat's ihr geglückt,
Weil sie nach Wunsch die Hasen spickt."

Nachspeisen

Böhmischer Polsterzipf mit Vanillesoße

Für 6 Portionen

Zutaten

ca. 1/4 kg glattes Mehl
1 Ei, 1 Eidotter
1 KL Butter
Schuss Milch
Prise Salz
Mehl für die Arbeitsfläche
Butterschmalz (oder Pflanzenöl) zum Herausbacken
Staubzucker zum Bestreuen

Für die Vanillesoße:
1/2 l Milch
2–3 EL Vanillezucker
25 g Vanillepudding-Pulver
100 g Kristallzucker
2 Eidotter
2–3 EL flüssiges Schlagobers

Zubereitung

Für den Teig zunächst Mehl, Ei, Eidotter, Butter, etwas kalte Milch und eine Prise Salz geschmeidig verkneten, Teig in eine Alufolie wickeln und 1 Stunde kühl rasten lassen. Auf einer bemehlten Arbeitsfläche den Teig möglichst dünn auswalken und in regelmäßige Rauten oder Quadrate von etwa 3 bis 4 cm Seitenlänge schneiden.
Das Butterschmalz stark erhitzen und die vom Mehl gut abgeklopften Polsterzipfe in mehreren Durchgängen nach und nach beidseitig schwimmend goldgelb herausbacken, bis sich die Teigstücke polsterförmig aufblähen. Sollte das Fett durch das überschüssige Mehl zu braun werden, zwischendurch erneuern. Polsterzipfe herausheben, gut abtropfen lassen oder mit Küchenkrepp abtupfen, mit Staubzucker bestreuen

und noch heiß mit der inzwischen vorbereiteten Vanillesoße servieren. Dafür ein Drittel der Milch mit Vanillezucker und Puddingpulver glatt rühren, die restliche Milch mit dem Kristallzucker aufkochen, das Puddinggemisch einrühren und nochmals kurz aufkochen. Den Topf vom Feuer nehmen und mit dem Schneebesen zügig die Eidotter und das Schlagobers einrühren. Puddingformen kurz mit kaltem Wasser ausspülen, abtropfen lassen und Vanillesoße einfüllen und noch lauwarm servieren. Vor dem Verzehren werden die knusprigen Polsterzipfe kurz in die noch warme Soße getaucht.

Äpfel im Schlafrock

Zutaten

4 kleine Äpfel
2–3 EL Marmelade
1 EL Kristallzucker
1–2 EL grob gehackte Hasel- oder Walnüsse
Prise Zimt
Schuss Rum
1/2 Packung fertiger Blätterteig
Ei zum Bestreichen
Butter für die Form
Staubzucker zum Bestreuen

Zubereitung

Kerngehäuse so ausstechen, dass das untere Ende des Apfels unversehrt bleibt und die Fülle nicht ausläuft. Äpfel schälen, aus Marmelade, Zucker, Nüssen, Zimt und Rum eine sämige Masse anrühren und die Äpfel damit füllen. Den Blätterteig ausrollen, in vier Teile schneiden, Äpfel mit der Öffnung nach oben darauf setzen und gut darin einhüllen. Der Verschluss kann nach Belieben mit Teigrändern verziert werden. Blätterteig mit verquirltem Ei bestreichen. Eine passende Form mit Butter ausstreichen, Äpfel hineinsetzen und im auf 180 °C vorgeheizten Backrohr etwa 20 Minuten goldgelb backen. Fertige Äpfel mit Staubzucker bestreuen und noch warm servieren.

Hollerblüten in Mostteig

Zutaten

Für den Mostteig:
1/8 l Birnenmost
120 g Mehl
1 Dotter
1 Prise Salz
fein geriebene Schale
einer halben Zitrone
1 Eiklar
1 EL Zucker

Für die Fertigstellung:
4 Hollerblüten
reichlich Butterschmalz
1 KL Zimt
1 EL Zucker

Zubereitung

Zunächst den Mostteig vorbereiten. Dafür den Birnenmost mit Mehl, Dotter, Salz und Zitronenschale zu einem glatten Teig verrühren und diesen 1/2 Stunde lang rasten lassen. Erst dann das mit Zucker steif geschlagene Eiklar vorsichtig darunter heben und sofort weiterverwenden.
Die gut gewaschenen und mit Küchenkrepp gründlich abgetropften Hollerblüten mitsamt den Blütenteilen durch den Mostteig ziehen und in reichlich heißem Butterschmalz ausbacken, bis sie eine schöne, goldbraune Farbe angenommen haben. Die gebackenen Hollerblüten vor dem Servieren abermals gründlich abtropfen und mit einer Mischung aus Zimt und Zucker bestreuen.

Unser Tipp

Dieses Gericht lässt sich aus saisonalen Gründen nur zur Zeit der Hollerblüte im Juni herstellen. Der beschriebene Mostteig eignet sich jedoch auch hervorragend für gebackene Birnenspalten oder anderes gebackenes Obst.

Lebkuchenbrot aus Neumarkt-Kallham

Zutaten

100 g Rosinen
2 cl Weinbrand
2 EL Honig
2 Eier
1/4 kg Rohzucker
1 Messerspitze Zimt
1 Messerspitze Nelken
1 Messerspitze gemahlenes Neugewürz
etwas geriebene Zitronenschale
1 KL Natron
400 g schwarzes Mehl
1/4 l Milch
1 Päckchen Aranzini
100 g gemischte, klein gehackte Nüsse und Mandeln
Butter für die Form

Zubereitung

Rosinen 2 Stunden mit Weinbrand marinieren. Honig leicht erwärmen, mit Eiern und Zucker verrühren. Gewürze, Aromate, mit Natron vermischtes Mehl und Milch untermengen, Aranzini, Nüsse und Mandeln sowie Rosinen einarbeiten. Den Teig in eine gut ausgebutterte Form füllen und im vorgeheizten Backrohr zunächst bei 180 °C, dann – mit Pergamentpapier abgedeckt – bei 190 °C backen. Wenn der Lebkuchen schon schön braun geworden ist, auf 175 °C zurückschalten. Insgesamt sollte die Backzeit nicht mehr als 2 Stunden betragen. Danach wird der Teig mit einer dünnen Stricknadel angestochen. Wenn keine Teigreste mehr kleben bleiben, kann man das Lebkuchenbrot aus dem Backrohr nehmen, stürzen und abkühlen lassen. Ist es einmal erkaltet, werden daraus möglichst hauchdünne Scheiben geschnitten und in einer Blechdose, die in einem kühlen Raum aufbewahrt wird, aufeinander gelegt.

Unser Tipp

Wenn man das Lebkuchenbrot mit Schokoladeglasur überzieht, schmeckt es großen und kleinen Kindern noch besser.

Omas Apfelmus

Zutaten

1 kg Äpfel (am besten mürbe)
Saft von 1 Zitrone
ca. 150 ml Wasser
150 ml halbsüßer Weißwein
150 g Kristallzucker
1–2 EL Rosinen
Gewürznelken
Zimtrinde
Apfelschnaps und Vanillezucker nach Belieben

Zubereitung

Äpfel waschen, schälen und das Kerngehäuse entfernen. In Spalten schneiden, diese in eine passende Schüssel legen und mit Zitronensaft übergießen. In einem Topf das Wasser gemeinsam mit dem Weißwein, dem Zucker, den Rosinen, den Gewürznelken und der Zimtrinde aufkochen und kurz ziehen lassen. Nun die Äpfel einmengen, weich kochen und passieren. Das passierte Mus nach Belieben noch mit etwas Apfelschnaps und Vanillezucker verfeinern.

Alt-Linzer Scheiterhaufen

Zutaten

ca. 150 ml Milch
2 Eier, 1 Eidotter
Zimt
geriebene Schale einer ungespritzten Zitrone
1 Päckchen Vanillezucker
1 EL Kristallzucker
4 altbackene Semmeln

Für die Apfelfülle:
300 g Äpfel
1–2 EL Rosinen
2 EL Kristallzucker
Zimt
Schuss Rum
2 EL grob gehackte Mandeln
flüssige Butter zum Ausstreichen und Beträufeln

Für die Schneehaube:
2–3 Eiklar
80 g Kristallzucker

Zubereitung

Die Milch mit Eiern, Eidotter, Zimt, Zitronenschale, Vanille- und Kristallzucker gut versprudeln. Danach werden die Semmeln in dünne Scheiben geschnitten, mit der Eiermilch übergossen und für 20 Minuten beiseite gestellt. Währenddessen die Fülle zubereiten, indem man die Äpfel zunächst schält, entkernt und in feine Scheiben schneidet und dann mit Rosinen, Zucker, Zimt, Rum sowie den gehackten Mandeln vermengt. Eine passende Auflaufform mit flüssiger Butter gut ausstreichen, abwechselnd die Semmelmasse und Apfelfülle einschichten und mit einer Lage Semmelmasse abschließen, die noch mit etwas zerlassener Butter beträufelt wird. Backrohr auf 180 bis 200 °C vorheizen und den Scheiterhaufen 40 bis 45 Minuten goldgelb backen.

Kurz vor Ende der Backzeit das Eiklar schlagen, mit dem Kristallzucker zu steifem Schnee ausschlagen, den Scheiterhaufen damit bedecken und nochmals etwa 10 Minuten lang hell überbacken.

Kremstaler Mostauflauf

Zutaten

1/4 l Birnenmost
120 g Zucker
1 Prise Zimt
2 Gewürznelken
100 g altbackene, blättrig geschnittene Semmeln
120 g Butter
120 g Staubzucker
6 Eidotter
Butter für die Form
Staubzucker zum Bestreuen

Zubereitung

Den Most mit Zucker, Zimt und Gewürznelken aufkochen und über die Semmeln gießen. Die Masse in eine Kasserolle umfüllen und auf kleiner Flamme unter ständigem Rühren so lange einkochen, bis ein sämiger Brei daraus entsteht, den man gut auskühlen lässt. Unterdessen Butter und Staubzucker schaumig rühren, Eidotter darunter rühren und alles mit dem Most-Semmel-Brei vermischen. Eine passende Auflaufform mit Butter ausstreichen, die Masse einfüllen und im vorgeheizten Backrohr bei 180 °C knusprig-braun backen.
Vor dem Servieren mit Staubzucker bestreuen und noch warm auftragen.

Unser Tipp

Diese würzige Nachspeise schmeckt übrigens auch kalt ganz hervorragend – etwa zu einem Glas Most oder Süßmost.

Stachelbeertascherln

Zutaten

200 g Mehl
200 g Butter
1 dl Most
100 g Stachelbeermarmelade

Zubereitung

Mehl und Butter abtreiben, den Most hinzufügen und alles zu einem geschmeidigen Teig verkneten.
Den Teig in Alufolie einschlagen und 1/2 Stunde im Kühlschrank rasten lassen. Danach walzt man den Teig messerrückendick aus und sticht mithilfe eines runden Ausstechers entsprechende Formen aus.
Nunmehr auf jedes Teigplättchen etwa einen Kaffeelöffel Stachelbeermarmelade setzen. Die runden Kekse zu einem Täschchen zusammenschlagen, Ränder gut festdrücken oder mit einem Teigrad abschneiden.
Das Backrohr auf 170 °C vorheizen.
Die Tascherln goldbraun backen, abkühlen lassen und mit Staubzucker bestreut als Teegebäck servieren.

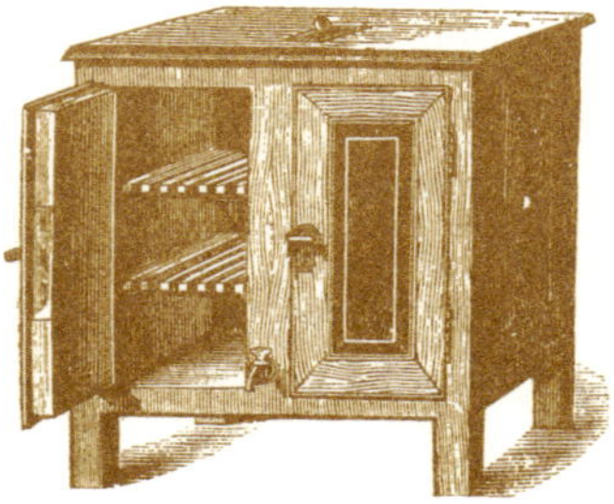

Steyrer Christkindlbrot

Zutaten

100 g Schokolade
60 g Mandeln oder Walnüsse
60 g Rosinen
120 g Aranzini und Zitronat
150 g Mehl
6 Eidotter
3 EL Staubzucker
1 Päckchen Vanillezucker
Schuss Rum
geriebene Zitronenschale
6 Eiklar
3 EL Kristallzucker
4 EL Butter
Butter und Mehl für die Form
Staubzucker zum Bestreuen

Zubereitung

Schokolade und Mandeln oder Walnüsse grob hacken, Rosinen und Zitrusfrüchte kleinwürfelig schneiden, mit dem gesiebten Mehl gut vermengen und beiseite stellen. In einer anderen Schüssel Eidotter mit Staub- und Vanillezucker schaumig rühren und mit Rum sowie etwas geriebener Zitronenschale aromatisieren. Danach wird das Eiklar geschlagen, dann mit dem Kristallzucker fest ausgeschlagen und nun abwechselnd mit dem Schokolade-Mehl-Gemisch langsam unter die Dottermasse gehoben. Butter schmelzen lassen und ebenfalls einrühren. Eine Kastenform mit Butter ausstreichen und mit Mehl bestreuen, die Masse einfüllen und im vorgeheizten Backrohr bei nicht allzu großer Hitze etwa 3/4 Stunde backen. Fertiges Christkindlbrot kurz überkühlen lassen und stürzen.
Vor dem Aufschneiden dick mit Staubzucker bestreuen.

Bad Ischler Törtchen

Zutaten

140 g Butter
140 g Mehl
70 g Zucker
70 g geriebene Mandeln
Zimt
Prise Salz
Ribiselmarmelade zum Bestreichen
Schokoladeglasur
gehackte Pistazien oder
Mandeln zum Bestreuen

Für die Fülle:
150 g Butter
2 EL Staubzucker
60 g Schokolade
Schuss Rum

Zubereitung

Die Butter mit dem Mehl zu einer bröseligen Masse verarbeiten, mit Zucker, Mandeln, Zimt und einer Prise Salz rasch zu einem Teig verkneten und an einem kühlen Ort rasten lassen. Den Teig messerrückendick auswalken und kreisrunde Scheiben mit 5 bis 6 cm Durchmesser ausstechen. Das Backrohr auf 200 °C vorheizen und die Törtchen darin etwa 10 Minuten backen.
Währenddessen für die Fülle aus schaumig gerührter Butter, Staubzucker, im Wasserbad erweichter Schokolade und einem Schuss Rum eine Creme anrühren.
Eine Hälfte der erkalteten Törtchen mit Ribiselmarmelade bestreichen, Schokoladecreme (am besten mit einem Dressiersack) auftragen und Oberteile aufsetzen.
Die zusammengesetzten Törtchen mit erwärmter Schokoladeglasur überziehen und mit gehackten Pistazien oder Mandeln bestreuen.

Bad Ischler Törtchen

Alt-Linzer Scheiterhaufen · *Rezept S. 96*

Linzer Torte

Linzer Torte

Zutaten

140 g Butter
140 g Zucker
140 g geriebene Mandeln
und/oder Haselnüsse
140 g Mehl
2 gekochte und durch ein Sieb
gedrückte Eigelb
1 Ei
1 KL geriebener Bohnenkaffee
1 Messerspitze Zimt
1 Messerspitze Nelkenpulver
Saft einer halben Zitrone

Zur Fertigstellung:
Butter zum Bestreichen der Tortenform
60 g Ribiselmarmelade
1 Ei zum Bestreichen
1 EL Staubzucker

Zubereitung

Alle Zutaten gut miteinander verbröseln, rasch zu einem glatten Mürbteig verkneten und diesen 1/2 Stunde im Kühlschrank rasten lassen.
Dann den Teig teilen, die Hälfte davon auf den Boden einer gut befetteten Tortenform drücken und gleichmäßig mit Ribiselmarmelade bestreichen.
Aus 2/3 des restlichen Teiges Rollen von ca. 5 mm Durchmesser formen und diese gitterförmig über die Torte verteilen. Aus dem noch verbleibenden Teigrest einen fingerdicken Wulst auswalzen, der als Rand rund um die Torte gelegt und entsprechend festgedrückt wird.
Das Backrohr auf 160 °C vorheizen, das Gitter und den Wulst mit dem verquirlten Ei bestreichen und ca. 3/4 Stunde lang backen, bis die Torte schön hellbraun ist.
Mit etwas gesiebtem Staubzucker bestreut servieren.

Unser Tipp

Wenn die Torte erkaltet ist, füllen Sie die Öffnungen im Gitter noch mit etwas zusätzlicher Ribiselmarmelade aus. Dann schmeckt die Torte noch saftiger.

Linzer Legenden

Rund um die Linzer Torte ranken sich fast so viele Anekdoten, wie es davon „Originalrezepte" gibt. Da las man anno dazumal beispielsweise in einer französischen Frauenzeitschrift, die Torte sei zu Kaisers Zeiten von einem Bad Ischler Konditor namens Linzer erfunden worden. Andere schreiben diese Errungenschaft dem Leibkoch des Passauer Erzbischofs Firmian und manche sogar – völlig zu Unrecht – dem ungarischen Meisterkoch Károly Gundel zu. Etwas glaubhafter sind da schon jene Geschichten, die sich um den aus dem fränkischen Weihenzell zugewanderten Konditor Johann Conrad Vogel ranken, der die Linzer Torte angeblich 1828 – und zwar im Auftrag des Linzer Magistrats – aus der Taufe hob.

Leider spricht gegen diese Legende, dass „gerührte" Torten aus mit Mandeln zubereitetem Bröselteig schon seit 1696 bekannt sind und eine Torte, die der Linzer Torte zum Verwechseln ähnlich sieht, sogar schon auf einer altägyptischen Darstellung zu erkennen ist. Da also der verwendete Bröselteig in Konditorkreisen schon lange vor Johann Conrad Vogel als „Linzer Teig" bekannt war, steht zu vermuten, dass die Linzer Torte aus diesem Grund auch ihren Namen erhielt. Ganz eindeutig verbürgt sind indessen die Verse des Dichters Ernst von Wildenbruch (1845–1909): „Was sind aller Dichter Worte gegen eine Linzer Torte?"

Ebenseer Glöcklerkrapfen

Zutaten

1/4 l Milch
1/2 kg Mehl
80 g Kristallzucker
40 g Germ
60 g zerlassene Butter
Salz
3 Eidotter
1 EL Weinbrand oder Haferschnaps
reichlich Schweineschmalz zum Ausbacken
Marillenmarmelade zum Füllen und Zucker zum Bestreuen

Zubereitung

Aus etwas lauwarmer Milch, Mehl, Zucker und zwischen den Fingern zerriebener Germ ein Dampfl zubereiten, mit Mehl bestäuben und an einem warmen Ort aufgehen lassen, bis die Oberfläche Risse bekommt.
Dann alle weiteren Zutaten hinzufügen und gut durchkneten, bis ein glatter Germteig entsteht, den man abermals an einem warmen Ort aufgehen lässt.
Danach formt man aus dem Teig Krapfen, lässt sie nochmals – diesmal allerdings nicht zu lange – aufgehen und zieht sie mit beiden Händen in alle Richtungen auseinander, bis in der Mitte eine Delle und am Rand ein dicker Wulst entsteht.
Die Krapfen werden schwimmend in heißem Schweineschmalz herausgebacken, gut abgetropft, in der Mitte mit einem Tupfen Marillenmarmelade gefüllt und mit Zucker bestreut.

„Anbandeln" mit Krapfen

In der Rauhnacht am Vorabend des Dreikönigstages treiben im Salzkammergut, besonders im Raum Ebensee, die Glöckler ihr Spiel. Mit ihren berühmten, in heidnische Zeit zurückweisenden Lichtkappen gehen sie von Tür zu Tür, „glöckeln" (= klopfen, läuten an) und umtanzen die Hausleute. Vor allem aber haben sie es auf die jungen Mädchen abgesehen. Denn hinter so manchem wild schellenden Glöckler steckt in Wirklichkeit ein verkappter Galan, der das „Glöckeln" bloß zum so genannten „Anbandeln" (= Flirten) mit der Tochter des Hauses nützt. Ursprünglich ist das Glöckeln jedoch ein alter Heischebrauch, der, nachdem die Läufer ihre rituell anmutenden Gänsemärsche und Reigentänze abgeschlossen haben, gewöhnlich in die Bitte um Speis und Trank mündet:

„Bitt gar schön um an Glöcklerkrapfen
Lasst's mi net lang in Schnee umstapfen
Gebt's ma oan oder zwen
Dan kina ma wieda weida gehn."

Nicht alle Glöckler erweisen sich allerdings als dermaßen bescheiden. Die aggressivere Variante des Sprüchleins lautet: „Gebt's ma a sibm, a acht, a neun / Sunst hau i eng d'Fensta ein."

Hollersupp'n

Zutaten

1/4 kg Zwetschken
150 g leicht säuerliche Äpfel
(z. B. Gravensteiner)
160 g Butter
600 g Holunderbeeren
2 EL Zucker
Zimt
4 EL Mehl
800 ml Milch
1/8 l Schlagobers

Zubereitung

Die Zwetschken entkernen und zerkleinern. Die geschälten und vom Kerngehäuse befreiten Äpfel blättrig schneiden. Butter in einer Pfanne aufschäumen lassen. Zwetschken, Äpfel und gut gewaschene sowie abgetropfte Holunderbeeren dazugeben, zuckern und mit Zimt bestreuen, vorsichtig durchrühren und ca. 20 Minuten lang weich dünsten.
Das Mehl in der Milch versprudeln und über das weich gewordene Obst gießen. Alles aufkochen, Hitze wieder etwas reduzieren und die Suppe noch weitere 5 Minuten dahinköcheln und anschließend erkalten lassen.
Obers schlagen und den Großteil unter die kalte Suppe heben. Das restliche Obers als Schlagobershäubchen auf die in Tellern angerichtete Suppe setzen.

Unser Tipp

Man kann diese Suppe auch heiß servieren. In diesem Fall schlägt man das Obers nicht, sondern rührt es vor dem Auftragen ein und reicht gebähte Schnitten von altbackenen Semmeln dazu.

Kleines oberösterreichisches Kuchl-ABC

Antenoasch – Entenbürzel
Baunzerl – kleiner Brocken
Blunz'n – Blutwurst
Bresl'n – Brösel, Paniermehl
Busserln – ausgebackene, runde süße oder saure Plätzchen
Erdäpfelkas – Kartoffelaufstrich
Erdäpfelnudel – heiße, fingerdicke Röllchen aus Kartoffelteig
Erdäpfelpuffer – Reibekuchen
G'hack – Faschiertes, Hackfleisch
G'selchts, Geselchtes – Rauchfleisch
Grammeln – Grieben
Holler – Holunder
Jagawecken – auch Jägerbrot genannter, gefüllter Sandwichwecken
Karikander – alte Form für Koriander
Katzeng'schroa – Ragout
Kitzerl – Ziegenkitz, Zicklein, Milchziege
Kren – Meerrettich
Kübelspeck – gesurter (in Salzlake marinierter) Speck
Leberschädel, Leberbunkel – Fleisch- und Innereienfarce, im Schweinsnetz gebraten
Oarfisch – pochierte Eier
Oarschmalz, Oaringschmalz – Rieseneierspeise
Reinank'n – Renke, Felchen
Schermripperl, Scherb'nripperl – Beinfleisch vom Rind am Knochen gekocht
Steckerlfisch – ursprünglich gebratener und geräucherter Weißfisch, heute meist Makrele
Stöckelkraut – geviertelter und gekochter Weißkrautkopf
Sulz – Aspik, Gelee
Supp'nhenn – Suppenhuhn
Teilsames – geselchtes Schweinefleisch von Schulter und Schlegel in geteilten Stücken